Uma Reflexão sobre as Relações de Trabalho

Homenagem ao Professor José Pastore

José Eduardo Gibello Pastore
coordenador

Uma Reflexão sobre as Relações de Trabalho
Homenagem ao Professor José Pastore

LTr EDITORA LTDA.
© Todos os direitos reservados

Rua Jaguaribe, 571
CEP 01224-001
São Paulo, SP — Brasil
Fone (11) 2167-1101
www.ltr.com.br

Produção Gráfica e Editoração Eletrônica: R. P. TIEZZI
Projeto de Capa: FABIO GIGLIO
Impressão: COMETA GRÁFICA E EDITORA
LTr 4947.8
Outubro, 2013

Dados Internacionais de Catalogação na Publicação (CIP)
(Câmara Brasileira do Livro, SP, Brasil)

Uma reflexão sobre as relações de trabalho : homenagem ao professor José Pastore. — São Paulo : LTr, 2013.

Bibliografia
ISBN 978-85-361-2708-8

1. Direito do trabalho 2. Direito do trabalho — Brasil 3. Pastore, José.

13-10550   CDU-34:331

Índice para catálogo sistemático:
1. Relações de trabalho : Direito do trabalho   34:331

JOSÉ PASTORE

1. Titulação Acadêmica e especialização

Doutor *Honoris Causa* em Ciência pela University of Wisconsin, Madson, Wisconsin, USA (1989).
Professor Titular pela Faculdade de Economia e Administração da Universidade de São Paulo (1977).
Ph. D. em Sociologia pela University of Wisconsin, Madson, Wisconsin, USA (1968).
Mestre em Ciências Sociais pela Escola Pós-Graduada de Sociologia e Política de São Paulo (1963).
Licenciado e Bacharel em Ciências Sociais pela Universidade de São Paulo (1961).
Especializado em Pesquisa, Ensino e Consultoria nas Áreas de **Relações do Trabalho, Emprego, Recursos Humanos e Desenvolvimento Institucional.**

2. Cargos Ocupados

Diretor Acadêmico da Fundação Instituto de Pesquisas Econômicas — FIPE (1974-1977).
Professor Visitante de Inúmeras Instituições Estrangeiras e Nacionais (1968-1998).
Chefe da Assessoria Técnica do Ministério do Trabalho (1979-1985).
Membro do Conselho de Administração da OIT (1990-1991).
Consultor em Relações do Trabalho da Confederação Nacional da Indústria; Confederação Nacional do Comércio; Febraban; Varias Federações Estaduais de Indústria e Comércio; Centrais Sindicais de Trabalhadores; e Associações Industriais Setoriais.
Membro da Academia Internacional de Economia e Direito.
Membro da Comissão de Sistematização do Fórum Nacional do Trabalho, 2003-2006.
Membro da Academia Paulista de Letras.

3. Principais Publicações em Recursos Humanos e Trabalho (1967-2008)

1967 — Satisfaction Among Migrants to Brasilia, Brazil. Ph.D. Dissertation University of Wisconsin, Madison, Wisconsin, USA.
1969 — Brasília: A Cidade e o Homem, São Paulo: Cia. Editora Nacional.
1972 — O Ensino Superior em São Paulo, São Paulo: Cia. Editora Nacional.
1973 — Determinantes de Diferenciais de Salários, Livre-Docência. Dissertação. Faculdade de Economia e Administração da Universidade de São Paulo.
1973 — A Mão de Obra Especializada na Indústria Paulista. (com João do Carmo Lopes), São Paulo: IPE. Monografia n. 1.
1973 — Profissionais Especializados no Mercado de Trabalho, São Paulo: IPE Monografia n. 2.

1979 — **Desigualdade e Mobilidade Social no Brasil**, São Paulo: T. A. Queiroz.
1981 — **Inequality and Social Mobility in Brazil**, Madison: University of Wisconsin Press.
1983 — **Mudança Social e pobreza no Brasil** (coautoria) São Paulo: Pioneira.
1985 — **A Mulher e o Menor na Força de Trabalho** (coautoria), São Paulo: Nobel.
1988 — **A Administração do Conflito Trabalhista no Brasil (com Helio Zylberstajn)**, São Paulo: IPE/USP.
1993 — **Relações do Trabalho no Japão**, São Paulo: LTr.
1994 — **Flexibilização do Trabalho na Ásia**, Brasília: Sebrae.
1994 — **Uma Revolução pela via Democrática: o Caso da Nova Zelândia**, Brasília: Sebrae.
1995 — **Encargos Sociais no Brasil e no Exterior**, Brasília: Sebrae.
1995 — **Flexibilização dos Mercados de Trabalho e Contratação Coletiva**, São Paulo: LTr.
1995 — **Recursos Humanos e Relações do Trabalho nos Estados Unidos e Canadá**, São Paulo: IBCB.
1997 — **A Cláusula Social e o Comércio Internacional**, Brasília: Confederação Nacional da Indústria.
1997 — **Encargos Sociais: Implicações para o Emprego, Salário e Competitividade**, São Paulo: LTr.
1997 — **A Agonia do Emprego**, São Paulo: LTr.
1997 — **Assédio Sexual: O que Fazer? (com Luis carlos Robortella)**, São Paulo: Makron Books.
1998 — **Tecnologia e Emprego**, Brasília: Confederação Nacional da Indústria.
1998 — **O Desemprego tem Cura?** São Paulo: Makron Books.
1999 — **Mobilidade Social no Brasil (com Nelson do Valle Silva)**, Prefácio de Fernando Henrique Cardoso, São Paulo: Makron Books.
2000 — **Oportunidade de Trabalho para os Portadores de Deficiência**, São Paulo: LTr.
2001 — **A Evolução do Trabalho Humano**, São Paulo: LTr.
2001 — **Trabalho, Família e Costumes**, São Paulo: LTr.
2001 — **Cartilha Sobre Cooperativas de Trabalho**, Brasília: Confederação Nacional da Indústria.
2002 — **Labor Standards in the Free Trade Area of the Americas: The Case of Brazil**, paper apresentado no Congresso de Relações do Trabalho das Américas, Toronto 24-29 de junho.
2003 — **Reforma Sindical: Para onde o Brasil quer Ir?**, São Paulo: LTr.
2005 — **A Modernização das Instituições do trabalho**, São Paulo: LTr.
2006 — **As Mudanças no Mundo do Trabalho**, São Paulo: LTr.
2006 — **Reforma Trabalhista, o que pode ser feito?** São Paulo: Cadernos de Economia, Fecomércio.
2007 — **Trabalhar custa caro**, São Paulo: LTr.
2011 — **Trabalho para ex-infratores**, São Paulo: Saraiva.
2013 — **Antonio Ermirio de Moraes Memórias de um diário confidencial**, Planeta do Brasil.

SUMÁRIO

Prefácio 9
    Amauri Mascaro Nascimento

1. A Reconstrução do Conceito de Subordinação 18
    Luiz Carlos Amorim Robortella

2. O Que Está Demasiado na Legislação Trabalhista do Brasil: Rigidez ou Flexibilidade? 35
    Dagoberto Lima Godoy

3. Colaboração, Coordenação e Continuidade 61
    Cássio Mesquita Barros

4. O Sistema Nacional de Capacitação Judicial 68
    Ives Gandra Martins Filho

5. Um Balanço das Políticas de Mercado de Trabalho no Brasil: Onde Estamos no Cenário Internacional? 93
    José Paulo Zeetano Chahad

6. Visões Econômicas da Flexibilização dos Direitos Trabalhistas 124
    Hélio Zylberstajn

**7. O Mercado de Trabalho dos Profissionais de Nível Educacional Superior —
uma Visão Ocupacional e suas Implicações** 140
Roberto Macedo

8. A Crise do Direito do Trabalho 160
Jose Eduardo Gibello Pastore

PREFÁCIO

Este livro é uma justa homenagem a um dos mais conhecidos estudiosos das questões sociais com que se defronta nosso País.

José Pastore é indiscutivelmente uma referência, mestre em relações de trabalho com carreira acadêmica exemplar na Universidade de São Paulo da qual é professor titular da Faculdade de Economia e Administração, leciona relações de trabalho nos Cursos de MBA em Recursos Humanos na Fundação Instituto de Administração da FEA-USP e é *Doutor Honoris Causa* em Ciência e Ph. D. em sociologia pela University of Wisconsin (USA) na qual tive a oportunidade de fazer um Curso com ele sobre *Collective Bargaining in The United States*, em 1984, no Industrial Relations Reserch Institute, de grande proveito para mim.

Foi chefe da Assessoria Técnica do Ministério do Trabalho e representante do Brasil no Conselho de Administração da OIT, tem 35 livros e mais de 500 artigos publicados.

Tem participado dos principais Congressos de Direito do Trabalho realizados em nosso País, como os Congressos anuais da LTr nos quais tem sido sempre um destaque.

Com a sua enorme contribuição ao desenvolvimento dos estudos da área, defende posições bem definidas como fez em *O crédito como Ferramenta de Inclusão Social* no qual analisa o trabalho na Economia Moderna como uma das suas mais marcantes características ao sustentar que o caso do crédito ilustra bem a formação de redes de serviços dentre as quais ocorre uma grande variedade de relacionamentos de trabalho.

São grandes as transformações no mundo das relações de trabalho.

A conjuntura internacional mostra uma sociedade exposta a sérios problemas que atingiram em escala mundial os sistemas econômicos europeu e da Norte América. Os empregos diminuíram, cresceram outras formas de trabalho sem vínculo de emprego, as empresas passaram a produzir mais com pouca mão de obra, a informática e a robótica trouxeram produtividade crescente e trabalho decrescente.

A legislação é flexibilizada e surgem novas formas de contratação. Nos Estados Unidos, em 1992, cerca de 27% das mulheres e 11% dos homens já trabalhavam em tempo parcial e em 2008 diminuiu a oferta de empregos, fato acompanhado pela desaceleração da economia e que se propalou pelos anos seguintes. Foi afetado pela inadimplência o sistema de financiamento de aquisição de imóveis residenciais. As jornadas de trabalho e os salários foram reduzidos como alternativa para as dispensas em massa. Elevaram-se os níveis de terceirização. Os encargos sociais pesaram muito na formulação dos gastos das empresas com os empregados. O treinamento do pessoal ampliou-se. Novas formas de contratação do trabalho apareceram.

A desigualdade social não foi reduzida e a exclusão de amplos setores sociais da economia formal e da rede de proteção legal dos sistemas de previdência social nos países da América Latina criou uma situação precária que afetou expressiva parcela do trabalho.

Em 2008 a Organização das Nações Unidas promoveu debates e se manifestou sobre o problema da escassez de alimentos no mundo.

Diante desse quadro, o direito do trabalho contemporâneo, embora conservando a sua característica inicial centralizada na ideia de proteção do trabalhador, procura não obstruir o avanço da tecnologia e os imperativos do desenvolvimento econômico, para flexibilizar alguns institutos e não impedir que, principalmente diante do crescimento das negociações coletivas, os interlocutores sociais possam, em cada situação concreta, compor os seus interesses diretamente, sem a interferência do Estado e pela forma que julgarem mais adequada ao respectivo momento, passando a ter, como meta principal, a defesa do emprego e não mais a ampliação de direitos trabalhistas.

A experiência internacional de direito do trabalho de maior destaque é o *direito comunitário do trabalho* da União Europeia, um superdireito compulsório em todos os países integrantes da União, sobrepondo-se ao direito interno de cada país que deve com o mesmo coadunar-se. Iniciada em 1951 com o acordo econômico sobre carvão e aço, a União Europeia passou a ser, na atualidade, não apenas mera união aduaneira e econômica, mas um ordenamento jurídico.

O Mercosul criado por Brasil, Argentina, Uruguai e Paraguai ainda traça os seus primeiros passos antes de se transformar, também, em um ordenamento jurídico de direito do trabalho.

O desemprego estrutural, resultante de diversas causas em vários países, afetou a sociedade comprometendo princípios que sempre foram consagrados, como o valor social do trabalho, a dignidade da pessoa humana e a erradicação da pobreza com a redução das desigualdades sociais.

Passamos a nos defrontar (2009) diante de uma nova questão social, a resultante da extinção de postos de trabalho sem perspectivas de reaproveitamento do trabalhador reciclado para novas atribuições, situação iniciada no período pós 1970 e que provoca discussões sobre os fins do direito do trabalho como direito exclusivamente garantístico do empregado ou, além disso, um direito sensível aos imperativos do desenvolvimento econômico e do avanço do processo produtivo.

O professor norte-americano, Jeremy Rifkin, em obra de grande divulgação, *The end of work* (1994), ao analisar as duas faces da tecnologia, mostrou o seu lado cruel, a substituição dos empregados pelo *software*, a desnecessidade, cada vez maior, de um quadro numeroso de empregados e o crescimento da produtividade das empresas com o emprego da alta tecnologia no lugar dos trabalhadores.

Afirma que no período atual, pela primeira vez, o trabalho humano está sendo sistematicamente eliminado do processo de produção para ceder lugar a máquinas inteligentes em incontáveis tarefas e nos mais diferentes setores, inclusive agricultura, indústria e comércio.

A eliminação de cargos atinge atribuições administrativas e da base da mão de obra, a reciclagem profissional beneficia um número percentual pequeno do total de desempregados, o setor público apresenta-se enfraquecido, e os países que têm excesso de mão de obra barata estão verificando que é muito mais econômica a produção resultante da tecnologia.

A competição e a concorrência internacional entre as empresas as levam a um contínuo esforço de redução de custos que afeta negativamente as condições de trabalho.

Para Rifkin um terceiro setor abre caminho na sociedade: as atividades comunitárias, que vão desde os serviços sociais de atendimento a saúde, educação, pesquisa, artes, religião e advocacia até as organizações de serviços comunitários, que ajudam idosos, deficientes físicos, doentes, desamparados, desabrigados e indigentes, com voluntários que dão colaboração e assistência a creches e programas de reforço escolar, ampliam-se numa sociedade cujo problema de exclusão de uma grande parcela das pessoas é preocupante. O serviço comunitário, alternativa para as formas tradicionais de trabalho, em grande parte voluntário, é também, paralelamente, muitas vezes, uma atividade com expectativa de ganho material, e para esse setor devem voltar-se as atenções maiores do Governo.

As empresas procuram reduzir gastos, subcontratam os serviços de que necessitam, reordenam a escala de salários para afastar-se o quanto possível de uma estrutura de salários fixos e adotar planos salariais variáveis de acordo com a produtividade. As revoluções mecânica, biológica e química na agricultura deixaram milhões de trabalhadores sem serviço, ao mesmo tempo em que a produtividade agrícola aumentou, registrando números surpreendentes com menos pessoal. No setor bancário, um caixa eletrônico realiza 2.000 operações por dia, enquanto um caixa humano, no mesmo tempo, faz 200 transações.

O movimento sindical perdeu muito do seu poder de negociar, e o seu número de filiados diminuiu, apesar das ações que desenvolve no sentido da sua afirmação e da defesa dos interesses dos trabalhadores, alterando-se a fisionomia das pautas de reivindicações periódicas, antes centrada em melhores salários, agora em manutenção de empregos, retreinamento e vantagens sociais mais do que vantagens econômicas.

Aumentaram as negociações coletivas em nível de empresa, embora subsistam as discussões no plano das categorias e, até mesmo por força da globalização dos mercados, na esfera internacional, responsável, também, pela instituição de comunidades, como a União Europeia, que traz como decorrência natural a formação de um direito do trabalho comunitário e de convenções coletivas, em nível de empresa, comuns a mais de um país.

A classe trabalhadora começou a lutar por bandeiras diferentes das tradicionais, dentre as quais a redução das horas de trabalho como meio de combate ao desemprego, na medida em que o tempo preenchido em horas extras com um empregado poderia servir à ocupação de outro. Na Europa, mediante acordos coletivos, houve significativas reduções da jornada de trabalho, exemplificando-se, na Alemanha, com o acordo entre a Volkswagen e o sindicato dos trabalhadores, que permitiu no Brasil a conservação de cerca de 30.000 empregos.

Ampliaram-se, em alguns países, os contratos por prazo determinado, como na Espanha, autorizados em novas hipóteses e desonerando a empresa de alguns encargos sociais, com o objetivo de promover a absorção de desempregados na medida da redução do custo do trabalho no término do vínculo jurídico.

É elevado o número de pessoas no mundo desempregadas ou subempregadas. As estimativas são de crescimento desse contingente, e o direito do trabalho ainda não encontrou meios eficazes de enfrentar o problema que caracteriza o período contemporâneo com *a nova questão social*, resultante do crescimento do exército de excedentes atingidos pela redução da necessidade de trabalho humano, substituído pela maior e mais barata produtividade da tecnologia, fenômeno desintegrador que não poupou nem mesmo os países de economia mais consistente.

A *reengenharia* do processo produtivo, a informática e a globalização levaram as empresas a reestruturar os serviços transferidos para unidades menores e a dispensar por motivos econômicos, tecnológicos ou estruturais, aumentando a produção com um número menor de empregados. Surgiram novos tipos de trabalho, que os computadores e a televisão criaram, como o teletrabalho na residência do prestador.

O resgate da dívida social, tarefa que desafia os Governos, tem reflexos políticos na América do Sul como mostram os resultados das eleições que escolheram novos presidentes da República em alguns países.

Duas leis, uma da Itália, a Lei Biagi (2003), outra da Espanha, o Estatuto do Trabalho Autônomo (2007), indicam uma nova tendência do direito do trabalho no sentido não só de dispensar a necessária proteção aos trabalhadores, mas, também, atender aos imperativos do exercício da atividade econômica das empresas diante das modificações ocorridas na estrutura da produção de bens e de prestação de serviços que fez crescerem outras formas jurídicas de trabalho além da relação de emprego. Dois foram os documentos básicos que fundamentaram a reforma da legislação trabalhista da Itália, o *Libro Bianco* (2001) e a Lei Biagi (2003). O Livro Branco deu origem à Lei n. 30/2003, bem como o Decreto Legislativo n. 276/2003.

O *Libro Bianco*, redigido por um grupo de trabalho coordenado por Maurizio Sacconi e Marco Biagi, do qual participaram Carlo Dell'Aringa, Natale Forlani, Paolo Reboan e Paolo Sestito, é um estudo doutrinário socioeconômico do qual resultou a *Proposta per uno Satuto dei Lavori*. É um documento extenso. Analisa o mercado de trabalho na Itália e a proposta central é a de esforços para uma sociedade ativa e por um trabalho de qualidade. É uma interessante experiência de diálogo social. Entre as suas finalidades está a de garantir uma taxa de ocupação razoável próxima de um crescimento econômico sustentável. Reúne propostas para uma reforma legislativa. Não interfere nos instrumentos de política econômica, fiscal e industrial destinados a garantir um crescimento viável. Recomenda, para esse fim, a progressiva redução dos encargos sociais e contributivos que gravam o custo do trabalho e dificultam o incremento dos empregos. Sugere a reforma do sistema de previdência social de modo a ampliar a sua base contributiva.

A Itália, em 2000, apresentou um índice de desemprego de 53,5%. Visou atingir em 2010 uma taxa de ocupação razoável diante de um mercado de trabalho inflado por diversos fatores como a mais intensa participação dos jovens, das mulheres, dos idosos, uma difusão maior do trabalho autônomo e diferentes formas de trabalho irregular.

Na definição dos novos critérios de regulação do trabalho foram considerados dois aspectos centrais, o garantismo e a flexibilidade com o propósito de superar o que foi denominado a estéril abordagem ideológica que determinou a paralisia ou a falência de muitas reformas priorizando-se uma política de trabalho que não pode prescindir da realidade múltipla de um país de dimensões maiores e no qual devem ser adotadas medidas diferentes para as situações diversas que apresenta em suas regiões. A estrutura social avaliada denotava uma acentuada caracterização assistencialista e pensionística resultado de uma regulamentação trabalhista rígida da qual estava ausente uma intervenção estrutural que favorecesse a demanda e a oferta de trabalho. A experiência de outros países da Europa demonstrava a conveniência de conjugar um sistema de incentivos e amortizações que contribuíssem para a realização de um equilíbrio entre segurança e flexibilidade de modo a acrescer vagas de trabalho e diminuir as formas de precarização do trabalho da qual pode surgir uma fratura no tecido social.

Assim, ao legislador nacional caberia intervir com uma *normativa-moldura* em diálogo com as regiões e interlocutores sociais. O ordenamento jurídico propôs a reforma italiana, deve ser sempre fundado sobre o *management by objectives* mais que sobre o *management by regulation*.

A importância maior da Lei Biagi está em alterar a tipologia dos contratos individuais de trabalho acrescentando, como hipóteses novas, o trabalho *coordenado, continuativo e de colaboração* e o *trabalho a projeto*.

Alberto Levi, Professor da Universidade de Módena, em artigo publicado na Itália (*La riforma Biagi e le aperture all'autonomia collettiva, nella disciplina delle tipologie contrattuali ad orario flessibile e a contenuto formativo*) enumera diversos tipos de contratos de trabalho: o intermitente, o compartilhado, o a tempo parcial, o contrato de aprendizagem profissional e o *contratto di inserimento* que equivaleria a um contrato de primeiro emprego. Ressalta, também, a importância conferida pela lei às convenções coletivas como fonte legítima para fundamentar tipos de contratos individuais que os próprios interlocutores sociais resolverem criar, ampliando, dessa forma, uma conjugação entre a autonomia individual e a autonomia coletiva.

O Decreto Legislativo n. 276/2003 também abrrogou a Lei n. 1.369/1960, que proibia a interposição de mão de obra e o texto considera empregador aquele que age como tal na realidade dos fatos e não aquele que resulta das eventuais escolhas feitas pelas partes quando da formalização e documentação do acordo entre elas.

A Reforma Biagi inspirou-se em duas filosofias, uma *garantista* e outra *flexibilizadora*, com maior propensão para esta segunda dimensão com a introdução, no ordenamento jurídico peninsular, do contrato de trabalho acessório (art. 70 e seguintes do Decreto Legislativo n. 276/2003) definido como aquele desempenhado por um período não superior a 30 dias por ano e que em qualquer caso não tenha remuneração superior a três mil euros por ano.

Dispõe, também, como foi dito, sobre o contrato de trabalho *a projeto* no qual o prestador de serviços recebe pelo resultado do projeto, caso em que não se configura vínculo de emprego.

Introduziu, ainda, o trabalho que os italianos denominam *co. co. co.*, isto é, trabalho *coordenado, continuativo e de colaboração,* mas não de subordinação.

No plano dogmático, criou-se a figura da *parassubordinação*, uma terceira categoria de trabalho intermediária entre o trabalho autônomo e o subordinado.

Na Espanha o *Estatuto do Trabalho Autônomo* criou a figura do *trabalhador autônomo dependente econômico de uma empresa*, quando a maior parte do seu ganho mensal provém da mesma e única fonte, caso em que tem alguns direitos dentre os quais o de férias de até 18 dias e o de negociação de acordos de interesses profissionais.

Na China foi promulgada pela Comissão Permanente do Congresso Nacional do Povo em 5.7.1994, a primeira lei trabalhista. A segunda, a *Lei do contrato de trabalho do Povo da República da China,* n. 65, foi aprovada em 2007 e entrou em vigor em 2008.

A referência à lei chinesa é feita diante da importância, num país com imensa população e com níveis baixos de proteção trabalhista, de uma lei do trabalho que disciplina o contrato individual de trabalho, sua formação, alterações, dissolução, o empregado, o empregador, o contrato de trabalho, o trabalho *par time*, salário, férias, o contrato coletivo e a fiscalização trabalhista, como é a de 2008.

Em utilíssimo artigo sobre a China, anterior à Lei de 2008, Antonio Galvão Peres (O dragão chinês: *dumping social* e relações de trabalho na China. *Revista LTr*, v. 70, n. 4, p. 467, 2006), resume suas conclusões nas seguintes afirmações: "O modelo chinês reúne incontáveis paradoxos e não se sabe em que momento não mais poderão coexistir. Das diversas questões tratadas neste estudo podem ser destacadas, nesse sentido, as seguintes ambiguidades: a) o país já não se insere unicamente no perfil dos receptores de unidades de corporações estrangeiras. Tenta atuar em todos os nichos, atraindo investimento estrangeiro, desenvolvendo sua própria tecnologia e inclusive investindo em outros Estados; b) a incessante prosperidade é cada vez menos compartilhada com a massa da população, a despeito do regime socialista. A abertura representou, para a grande camada popular, a perda de direitos típicos do regime de outrora, como o emprego vitalício; c) a China já consolidou um rico parque industrial, mas ainda assiste ao início do desenvolvimento do direito do trabalho; d) o país está, em tese, submetido à *ditadura do proletariado*. O Estado intervém abertamente na organização sindical e o papel dos sindicatos não é apenas a defesa dos trabalhadores, mas, sobretudo, o de assegurar o desenvolvimento das empresas; e) o direito do trabalho já comemorou uma década de existência em território chinês (2004), mas as normas trabalhistas existentes são sistematicamente violadas pelas multinacionais, com aparente conivência do poder central".

Com efeito, no modelo chinês há certa liberdade de mercado, mas não há abertura para a liberdade individual. As relações de trabalho, como bem avalia Perez, "flertam com o liberalismo típico do início da Revolução Industrial, mas, paradoxalmente, isto ocorre sob o manto do Estado, que intervém a favor da produção, segundo a lógica do *dumping social*".

A China, tendo em vista a sua estrutura política, tenta modificar o sistema de planificação da economia sob a direção do Estado transformando-o em uma economia aberta, de mercado, participante da globalização, com volumosa exportação de produtos a preços dificilmente batidos pela concorrência, com a atuação, em seu território, de inúmeras empresas multinacionais à procura de menor custo do trabalho, aspectos, todos, que influíram na sua atual propensão de regulamentar por lei as relações de emprego, como fez.

Desde 1949 o sistema sindical esteve dominado pelo Partido Comunista da China (PCC) e, com isso, pelo Estado, repetindo-se, no seu caso, o mesmo problema que já fora apontado por Lênin ao analisar o sistema sindical soviético numa ditadura do proletariado e as contradições dessa situação uma vez que o Estado incorpora os sindicatos que ficam sem outras funções a não ser a de *correias de transmissão da ideologia política.*

> A OIT — informa o já citado Galvão Perez — está atenta às agressões contra a liberdade sindical. Em 2001 celebrou um acordo com o governo chinês para estabelecer um programa de reforma na área de emprego, diálogo social e proteção social, conforme os princípios e direitos trabalhistas reconhecidos internacionalmente. Na cerimônia de celebração do acordo, Juan Somavía, diretor-geral da OIT, entregou aos representantes do governo uma relação de trabalhadores detidos cuja libertação foi solicitada pelo Comitê de Liberdade Sindical. Em 2003, o Comitê de Liberdade Sindical solicitou ao governo chinês que iniciasse uma investigação imparcial e independente acerca da detenção e instauração de processos contra representantes de trabalhadores, sobre seu estado de saúde e sobre o tratamento que lhes era dispensado. Em relação a um conflito em uma fábrica de Liaoyang em 2002, o Comitê solicitou a liberdade dos representantes dos trabalhadores detidos e,

especialmente, a retirada das acusações de terrorismo, sabotagem e subversão. Também solicitou esclarecimentos sobre as acusações relativas à detenção dos representantes de uma organização de trabalhadores demitidos na cidade de Daqing. A cooperação entre a China e a OIT se intensificou em 2004, com a promoção de um *Fórum do Emprego*. O evento resultou em um *entendimento comum*, no qual se destaca que "o respeito aos princípios e direitos fundamentais no trabalho constitui um fundamento do desenvolvimento econômico e do progresso social", iniciativas que também explicam o ingresso da China na relação dos países que têm uma legislação trabalhista apesar do grande atraso no tempo.

A essas modificações Pastore sempre foi sensível como se vê pelos seus artigos publicados nos jornais com os quais é um formador de opinião, o que me deixa bastante honrado e à vontade em fazer este Prefácio do modo como foi feito.

Amauri Mascaro Nascimento

A RECONSTRUÇÃO DO CONCEITO DE SUBORDINAÇÃO

Luiz Carlos Amorim Robortella[*]

Esta homenagem, que muito me honrou escrever, inspira-se nas ideias do eminente sociólogo, professor, escritor e conferencista José Pastore, as quais marcarão muitas gerações de estudiosos das relações de trabalho. Sua inteligência, cultura, sabedoria e sensibilidade sempre pairarão sobre o pensamento social e econômico brasileiro.

Mais que tudo, um adorável ser humano, amante do que de mais belo e generoso a vida pode dar.

1. Eficácia econômica e social

As sociedades modernas buscam a construção de um modelo político que tenha eficácia econômica, eficácia social e sustentabilidade.

A nova arquitetura política e social deve compatibilizar a preservação do meio ambiente e dos recursos naturais com o desenvolvimento. Não se pode mais calcular o nível de riqueza apenas com base na capacidade de produzir bens e serviços; segundo José Eli da Veiga, "o aumento do PIB já se tornou

---

[*] Advogado — Doutor em Direito do Trabalho pela Universidade de São Paulo — Professor de Direito do Trabalho da Faculdade de Direito da Universidade Mackenzie (1974-1995) — Professor Titular de Direito do Trabalho da Faculdade de Direito da Fundação Armando Álvares Penteado (2000-2008) — Membro da Academia Nacional de Direito do Trabalho (cadeira n. 91) — Membro do Instituto Latino-Americano de Derecho del Trabajo y de la Seguridad Social — Membro da Associação Iberoamericana de Derecho del Trabajo y de la Seguridad Social — Membro do Instituto Brasileiro de Direito Social "Cesarino Jr", seção brasileira da Societé Internationale du Droit du Travail et de la Securité Social.

antieconômico em vários países do primeiro mundo. Um crescimento que mais acumula mazelas do que acrescenta riquezas" (VEIGA, 2011).

O sistema representativo tradicional não atende à grande multiplicidade e heterogeneidade de interesses; a sociedade se organiza e se mobiliza em grupos que querem participar dos processos de decisão, mudando o perfil do poder. O Estado se vê compelido a aceitar formas de negociação e cooperação horizontais, em regime de coordenação (CHEVALLIER, 2008).

Nos países desenvolvidos e emergentes há crescente exigência de melhor distribuição da riqueza; segmentos sociais protestam e reivindicam a redução das desigualdades, às vezes com atos de violência. Exemplo chocante é o sequestro em 2009 pelos trabalhadores franceses de um executivo, em virtude dos planos empresariais de dispensa coletiva (LE FIGARO. *Entreprises*, 12.5.2009).

No primeiro de maio de 2009 houve mobilizações em várias capitais europeias; em Paris, oito centrais sindicais marcharam juntas pelas ruas, liderando cerca de um milhão e duzentos mil manifestantes. Protestavam contra o alto índice de desemprego, recusando-se a festejar o dia do trabalho (*Le Monde*, 3 e 4 de maio de 2009).

Tudo isto se deu, cabe realçar, após um acordo nacional interprofissional assinado em janeiro de 2008, envolvendo entidades patronais e trabalhadores franceses, para harmonizar a legislação social com a competitividade das empresas e a geração de trabalho.

Até no Principado de Mônaco (NICEMATIN, 17.4.2009) os trabalhadores saíram às ruas para se opor a recuos nas normas de proteção social previstos em projeto de lei.

Estas realidades revelam a necessidade de mudanças nas relações de produção e no mercado de trabalho.

2. A CRISE DO EMPREGO

O crescimento do Leste europeu, assim como da China e Índia, fez dobrar a população ativa em uma década, chegando a 3 bilhões de pessoas, além de aumentar a competitividade das empresas com o pagamento de baixos salários, dentre outros fatores (BROWN, 2005).

As economias nacionais são afetadas duramente por esse lamentável "dumping social" e pela interdependência resultante da globalização. Veja-se que apenas 300 empresas multinacionais controlam aproximadamente 2/3 da produção industrial mundial (PURCALLA BONILLA, 2009).

A abertura comercial submete as empresas às exigências do mercado internacional e, para piorar, muitas decisões de impacto são tomadas por instituições supranacionais sem maior responsabilidade política, eis que voltadas principalmente para a redução do custo do trabalho.

As empresas estão se tornando apátridas, espalhando-se pelo mundo em busca de mais eficiência e competitividade.

A nova tecnologia permite o controle de câmeras de segurança de bancos em Genebra, Suíça, por meio de operadores instalados no Norte da África; a gestão de bilhetes de companhias aéreas é centralizada na Índia; os principais centros de dados de empresas europeias estão instalados na Jamaica, Barbados ou Filipinas; clientes das empresas de telefonia são atendidos em centros instalados no Marrocos (PURCALLA BONILLA, 2009).

Tal internacionalização impõe aos sindicatos uma atuação além das fronteiras nacionais, inclusive no que se refere às negociações coletivas, que assumem dimensão comunitária, como se vê na Europa, podendo até atingir escala mundial.

Impõe-se uma resposta sindical diante da fragmentação, do deslocamento tecnológico e geográfico dos processos produtivos. Como diz Capella Hernandez, é necessária a internacionalização dos trabalhadores para que possam enfrentar a globalização capitalista (CAPELLA HERNANDEZ, 2011).

Às novas formas de produzir, que por si mesmas geram impacto sobre o nível de emprego, veio se somar a crise econômica de 2008, cujos graves efeitos se fizeram sentir nos anos subsequentes, calculando-se haver hoje cerca de 210 milhões de desempregados, segundo Juan Somavía, Diretor Geral da OIT (OIT, 2010).

Muitos trabalhadores só conseguem ocupações informais, à margem do sistema jurídico, configurando-se um quadro de exclusão social.

Estas realidades ensejam propostas de endurecimento nas técnicas e conceitos jurídicos de proteção, uma espécie de retorno ao protecionismo social, para se contrapor ao protecionismo econômico oferecido a empresas e bancos afetados pela crise.

Outros, ao contrário, consideram indispensável a redução do aparato legislativo de proteção do empregado para oferecer maior facilidade de contratação. Tais medidas suscitam controvérsia e grande oposição política. Medidas de afrouxamento ou flexibilização são logo estigmatizadas como ataque neoliberal aos direitos dos trabalhadores.

No entanto, a crise de emprego assola muitos países, especialmente os mais ricos, com extensa e pródiga rede de proteção social, permitindo seis afirmações que nos parecem acertadas:

a) a regulação do mercado de trabalho não deve inibir o desenvolvimento de novas empresas e a geração de trabalho;

b) o trabalho típico, em tempo integral, com subordinação rígida, diminui gradativamente;

c) o trabalho atípico, com menor ou nenhuma subordinação, por tempo determinado e baixa carga horária, interessa às empresas, pois contratam mão de obra conforme as necessidades de seu sistema produtivo, e, frequentemente, também aos trabalhadores, que melhoram a qualidade da vida pessoal e familiar;

d) leis trabalhistas mais flexíveis estimulam a contratação de trabalhadores;

e) políticas sociais ativas do Estado são necessárias para aumentar os níveis de empregabilidade e, havendo falta de trabalho, garantir renda ao trabalhador;

f) a geração de trabalho é a melhor forma de proteção social e diminuição da pobreza.

3. A CRISE DA SUBORDINAÇÃO E O AUTÔNOMO PÓS-MODERNO

A subordinação jurídica, que tradicionalmente constituiu o principal critério a justificar a proteção da legislação trabalhista, é objeto de questionamentos. Critica-se sua raiz fordista e taylorista, incompatível com o perfil atual do trabalhador e da empresa.

Em 1974 a legislação alemã identificou um tipo de trabalhador que, embora sem subordinação jurídica, prestava serviços permanentes em condição de fragilidade econômica. O direito francês igualmente reconheceu esse tipo intermediário, localizado entre o subordinado e o autônomo, que não é verdadeiro independente e nem verdadeiro assalariado (OLIVEIRA, 2007).

A autonomia, em outras épocas sinônimo de capacidade organizativa e econômica, mostra uma face nova: a fragilidade contratual e financeira do trabalhador. O autônomo, que na maioria dos sistemas jurídicos é excluído da legislação trabalhista, não mais pode continuar afastado do esquema de proteção.

Por esta razão, é disfuncional o critério da subordinação jurídica, que só estende a proteção aos empregados, pois deixa ao desamparo os autônomos pós-modernos, funcionando mais para excluir do que para incluir (OLIVEIRA, 2007).

Na Espanha, a Lei n. 20, de 11.7.2007, criou uma proteção especial, diferente da oferecida aos empregados, para o trabalhador autônomo economicamente dependente. Na exposição de motivos a lei enfatiza que o trabalhador autônomo atual tem muitas peculiaridades.

No passado, o autônomo se dedicava a atividades de dimensão reduzida, que não exigiam grande investimento: agricultura, artesanato e pequeno comércio. Hoje, desenvolve trabalhos muito qualificados, de alto valor agregado, como consequência de novas concepções de administração, da difusão da informática e das telecomunicações.

Além disto, o trabalho autônomo é a forma escolhida por muitos para se inserir no mercado com autodeterminação e independência.

Vale destacar os mais importantes aspectos dessa lei espanhola:

a) reconhece expressamente o trabalhador autônomo que depende economicamente do tomador;

b) garante os direitos fundamentais como trabalho, livre escolha de profissão, liberdade de iniciativa, propriedade intelectual, não discriminação, respeito à intimidade, proteção à saúde e segurança, conciliação entre vida profissional, pessoal e familiar;

c) é conceituado como aquele que recebe pelo menos 75% de sua receita de um só cliente, para o qual trabalha de forma habitual, pessoal, predominante e direta;

d) responsabilidade subsidiária do principal tomador, no caso de subcontratação;

e) não pode ter empregados;

f) executa trabalho de forma diferenciada dos empregados do tomador;

g) contrato escrito;

h) na falta de cláusula de prazo, se presume o tempo indeterminado;

i) descanso anual de 18 dias;

j) descanso semanal e feriados;

k) limitação de jornada, podendo ser excedida em no máximo 30%;

l) indenização por perdas e danos, em caso de rescisão injusta;

m) aplicação de acordos de interesse profissional, celebrados entre empresas e associações de trabalhadores autônomos;

n) competência da Justiça Laboral.

Tal legislação, ao conceder proteção especial ao autônomo, reduz a possibilidade de fraude, desestimula o mercado informal e oferece maior segurança jurídica.

Segundo dados do Conselho Econômico e Social da União Europeia, em 2002 o trabalho autônomo representava 14% da população ativa, na média. Na Grécia, eram 30%; em Portugal, 25%; na Itália, 23%; na Espanha, 18%. Segundo a Confederação Europeia de Sindicatos, cerca de 1/4 dos autônomos espanhóis trabalhavam para um só tomador de serviço (PURCALLA BONILLA, 2009).

Para superar a crescentemente difícil e anacrônica distinção entre subordinado e autônomo, na Itália se criou a expressão *trabalhador parassubordinado*, correspondente a *coordinated freelance worker, employee-like person, quasi self-employed worker* ou trabalhador autônomo economicamente dependente.

O ordenamento italiano admite o trabalho a projeto, para a realização de obra ou serviço determinado, em que o trabalhador fica sujeito a regime próprio, diverso da legislação trabalhista, estendendo-se-lhe apenas certas garantias mínimas.

Romita diz que o esquema clássico da subordinação se alterou porque os novos processos tecnológicos exigem um trabalhador mais versátil, plurifuncional, que trabalha com menor sujeição, dada a nova organização flexível das empresas (ROMITA, 2004).

A parassubordinação é vista com reservas por respeitável doutrina, como o culto Márcio Túlio Viana, que diz, acidamente:

> "...as sequelas da parassubordinação avançam para muito além do próprio Direito. Remetido a si mesmo, esse trabalhador a meio caminho perde a consciência de classe; privatiza-se enquanto cidadão; passa a compor o que Gorz chama de *não classe*, desculturado e mais uma vez solto. Além disso, tende a se tornar um trabalhador fluido, dócil, flexível — e, nesse sentido, ainda mais subordinado do que o empregado formal" (VIANA, 2011).

Apesar do imenso respeito que se devota ao ilustre professor mineiro, sua visão é crítica e pessimista, apresentando como desvantagens justamente o que de melhor ostentam as modernas formas de produção: menor desgaste físico, menor grau de subordinação, mais participação do trabalhador, mais flexibilidade de horários, propiciando melhor qualidade de vida profissional e familiar. O acesso do trabalhador aos processos decisórios tem caráter emancipatório, tendente a criar verdadeira democracia industrial e a valorizar a cidadania no interior da empresa. Os modernos mecanismos intraempresariais de participação reduzem os focos de conflito que resultavam dos antigos métodos produtivos, com rígida hierarquia e controle estrito sobre o trabalho; a maior docilidade e flexibilidade do trabalhador advêm da possibilidade de efetivamente participar do poder na empresa.

E padece de outra grave distorção: vê o mercado de trabalho como se fosse uma realidade homogênea, em que a todos se deva aplicar tutela coletivista, uniforme, desatenta às grandes diferenças existentes.

De todo modo, o choque de opiniões demonstra que o trabalhador juridicamente autônomo e economicamente dependente constitui um desafio a ser enfrentado pelo direito do trabalho (ROSS, 2005).

4. FORMAS FLEXÍVEIS DE CONTRATAÇÃO

Podem ser encontradas no mercado de trabalho formas variadas de contratação sem vínculo empregatício.

Os sistemas jurídicos estão ampliando as possibilidades de contratação, reconhecendo as efetivas diferenças entre trabalhadores e as várias maneiras de trabalhar, o que, a nosso ver, contribui para diminuir a exclusão social.

Essa é uma das grandes questões do nosso tempo: inclusão *versus* exclusão, em lugar de capital *versus* trabalho.

O direito do trabalho foi elaborado tendo como princípio fundamental proteger o empregado da exploração do capital.

Com o desenvolvimento econômico, social e político experimentado por muitos países, acompanhado da crescente valorização dos direitos humanos fundamentais, não se pode comparar o capitalismo de nossos dias com a sórdida exploração de mão de obra que está na raiz do direito do trabalho.

Neste século XXI é perfeitamente plausível e aceitável a revisão dogmática do conceito de proteção e de suas técnicas, em face das novas realidades do mercado de trabalho.

No Brasil, a legislação trabalhista adotou como premissa, a partir de 1930, a ideia de que todo empregado é hipossuficiente em face do empregador.

Paradoxalmente, essa mesma legislação, apesar de bastante alterada e revisada, mantém nas sombras da informalidade cerca de 50% dos verdadeiros hipossuficientes, ou seja, aqueles de baixa remuneração e qualificação.

Os tomadores de serviço os excluem da legislação trabalhista, assumindo todos os riscos dessa escolha. Assim agem porque nem sempre os querem como empregados e, quando querem, não suportam os enormes encargos e exigências decorrentes da lei protecionista.

Do outro lado, os trabalhadores intelectuais e de alta qualificação se inserem como autônomos e até constituem voluntariamente pessoas jurídicas prestadoras de serviços. Preferem não se submeter à legislação trabalhista, ciosos que são de sua autonomia e empreendedorismo, além das vantagens tributárias.

Temos, portanto, uma dupla informalidade:

   a) os hipossuficientes não conseguem entrar no regime da CLT;

   b) os mais qualificados não querem entrar nesse regime (LIMA, 2007).

Tal realidade foi bem captada por Humberto Podetti, ao dizer que, quando as regras jurídicas estão em descompasso com os dados sociais e econômicos, vai-se à "gran ficción que representa un marco jurídico presuntamente tutelar y excelente, desnaturalizado por modalidades unilaterales o pactadas" (PODETTI, 1990).

O mercado informal, especialmente na América Latina, é uma triste realidade, justificando a afirmação de Hernando de Soto de que em nosso continente ocorreu uma "revolução informal" (HOYOS, 1990).

A mudança na técnica jurídica de proteção, em suma, é indispensável, para afastar essa profunda divisão dos trabalhadores em "incluídos e excluídos", ou "formais" e "informais" (SILVA, 2004).

A esse respeito merece destaque estudo da OIT conduzido por Janine Berg (OIT, 2010) sobre o mercado de trabalho brasileiro, que oferece os seguintes dados, com base em pesquisa do PNAD:

Mercado formal

Empregados urbanos e rurais — 34,5%

Empregados domésticos — 2,00%

Servidores públicos — 7,7%

Autônomos e pequenos empregadores — 5,4%

Mercado informal

Empregados urbanos e rurais — 17,5%

Empregados domésticos — 5,5%

Autônomos — 21,7%

Trabalhadores não remunerados — 3,6%

Trabalho para consumo próprio — 4,0%

Muitas formas de contratação são atípicas por não se encaixarem na clássica relação de emprego. No entanto, dada a sua multiplicidade e quantidade, constituem um dado fenomenológico que rejeita a alegada atipicidade.

Os novos perfis da atividade econômica, as tecnologias, a maior qualificação profissional e intelectual do trabalhador engendram processos criativos de inserção no trabalho sem as características do emprego.

O teletrabalho se vale das novas tecnologias da informação e comunicação. É descentralizado e flexível, desvinculando-se de parâmetros como local e horário. Como dado negativo se pode identificar o enfraquecimento coletivo dos trabalhadores, que se dispersam, tornando-se mais individualistas, inclusive na formação dos contratos (PURCALLA BONILLA, 2009).

Mas não há dúvida de que, com a valorização do seu acervo intelectual, o trabalhador detém efetivo poder na empresa, assumindo parte importante dos meios e modos de produção. Quanto maior o nível de profissionalização e qualificação, mais ampla a autonomia no trabalho, tornando injustificável a proteção da lei trabalhista com base no critério da subordinação.

Os tribunais do trabalho, nos sistemas americanos e europeus, enfrentam dificuldades para classificar tais figuras intermediárias à luz da legislação protecionista.

Muitas vezes, por falta de normas específicas, acabam por estender-lhes a legislação trabalhista. É um processo intuitivo, casuístico, que varia de um juiz a outro, causando instabilidade e insegurança no sistema de relações de trabalho. Como diz Lord Wederburn este processo intuitivo é uma espécie de *teste do elefante*: fácil de se reconhecer quando se vê, mas difícil de definir (ROSS, 2005).

Afinal, os empregados são cada vez mais independentes tecnicamente e os autônomos cada vez mais dependentes economicamente, o que inutiliza o critério da subordinação como pressuposto essencial do sistema protetor.

Por isto, o "Livro Branco" da União Europeia preconiza normas de proteção a todas as formas de trabalho, com ou sem subordinação (FIORAVANTE, 2010).

A prestação de serviço, a empreitada e a subcontratação em geral assumem um papel de crescente relevo, criando relações atípicas e diferenciadas.

Enfim, a subordinação como fator de incidência da proteção é conceito a ser reconstruído, a fim de se harmonizar com as realidades da atividade econômica.

Segundo Arion Sayão Romita, a aplicação descontrolada do princípio da proteção redunda, na prática, em graves injustiças:

> Frequentemente, quando se invoca tal princípio, arma-se o cenário para que seja perpetrada uma injustiça contra alguém. O princípio da proteção, em sua crua expressão, constitui desmentido frontal das noções de direito e justiça. A preocupação dos estudiosos que se lançam à tarefa de enumerar os princípios revela, antes, a necessidade de tomar posição (sociológica, política e filosófica) em face das transformações que o Direito do Trabalho vem experimentando, como reflexo da adaptação da superestrutura jurídica às novas realidades. O princípio da proteção inspira-se, nitidamente, no sentimento de compaixão social. (...). A orientação protecionista tem conotações de tipo meramente paternalista e considera apenas o trabalhador isolado. Ao tempo em que protege o indivíduo, essa política opõe-se à classe oprimida quando esta pretende, pela organização coletiva, fazer valer seus direitos e suas legítimas reivindicações (ROMITA, 2010).

Na Austrália ocorreu profunda revisão da legislação do trabalho, com ampliação da autonomia individual na formação dos contratos, a qual, somada a fatores como abertura do mercado, novas tecnologias e qualificação da mão de obra, aumentou os níveis de produtividade (ISAAC, 2005).

Cresceu o número de trabalhadores que atuam nas próprias casas, assim como em tempo parcial, em caráter eventual e por meio de empresas fornecedoras de mão de obra, temporária e permanente. Para a doutrina australiana, a "cidadania do trabalhador industrial — *industrial citizenship* — deve ser "redesenhada no século 21 tendo em vista as necessidades e aspirações dos trabalhadores que estão sob novas formas de contratação" (trabalho em tempo parcial, eventual e autônomo) (MCCALLUM, 2005).

A atual dinâmica da produção pode ser atendida por formas de trabalho independente e intermitente, em face dos ciclos e das variáveis do mercado.

Enfim, são necessárias mudanças no paradigma de proteção, a fim de que a legislação trabalhista não perca seu conteúdo fenomenológico e sua conexão com a realidade.

5. Técnicas do direito do trabalho

A nosso ver, o direito do trabalho é um instrumento de síntese dos interesses comuns ao capital, ao trabalho e à sociedade.

Não se destina apenas a compensar a inferioridade econômica do trabalhador, mas também se abre para a organização da produção. Ao lado da proteção e redistribuição da riqueza, é o direito da produção e regulação do mercado de trabalho, devendo adotar técnicas mais sintonizadas com a realidade social.

A tutela coletivista e uniforme, dirigida apenas aos empregados, é ineficaz. A lei, por sua generalidade e abstração, é incapaz de atender à heterogeneidade do mercado de trabalho, às diferenças entre pequenas e grandes empresas.

A empresa industrial tradicional apresentava duas características hoje não mais existentes:

> a) tratamento legal uniforme a todos os trabalhadores, que atuavam de forma permanente, pessoal e mediante rígida subordinação;
>
> b) concentração na mesma unidade econômica das várias fases do processo produtivo (MASSONI, 2010).

Durante o período fordista a homogeneidade da proteção estabelecia entre os empregados uma comunidade de interesses, que encontrava no sindicato de indústria a sua representação; assim, havia um sistema estável, em que o empregado oferecia a subordinação em troca da segurança (MASSONI, 2010).

A moderna empresa industrial tem estrutura muito diversa da que está nas origens do direito do trabalho. Vale-se intensamente da terceirização e se vê cercada de dezenas ou centenas de fornecedores de bens e serviços.

Desenvolve sua atividade mediante contratos temporários ou precários. No seu núcleo permanente, as técnicas de gestão são participativas e a remuneração é flexível.

O Professor José Pastore resume admiravelmente a realidade brasileira:

> ...o Brasil optou por um modelo trabalhista no qual a maioria das regras de contratação e gestão é definida por atos dos Poderes Legislativo, Executivo e Judiciário e não por livre negociação como ocorre nos países avançados. Nestes, quase tudo é fixado em contratos coletivos que preveem, inclusive, mecanismos expeditos de solução de conflitos — autocomposição, conciliação, mediação e arbitragem. No Brasil, as leis deixaram para a negociação apenas dois direitos: o salário e a participação nos lucros ou resultados. Todos os demais

direitos são regidos por 67 dispositivos constitucionais, 922 artigos da própria CLT, 295 Súmulas do Tribunal Superior do Trabalho, 145 do Supremo Tribunal Federal, 119 precedentes normativos, 28 orientações normativas do TST e vários outros. Há ainda 193 artigos do Código Civil que se aplicam ao campo do trabalho, às regras da Previdência Social, às normas de saúde e segurança e milhares de decretos, portarias, instruções normativas etc. O cipoal de detalhes é colossal. Alguns chegam a ser pitorescos para não dizer ridículos. O artigo 73 da CLT, por exemplo, diz que a hora noturna do Brasil não tem 60 minutos e sim 52 minutos e trinta segundos! ...

... Entre nós, o crônico problema nesse campo é a ausência de uma legislação flexível para ajustar as necessidades dos contratantes e dos contratados a esse novo regime de trabalho (PASTORE, 2010).

Empresários e trabalhadores podem, mediante negociação coletiva, construir normas adaptadas ao mercado de trabalho, com mais possibilidade de preservar ou até ampliar os empregos, além de estimular o investimento produtivo.

O papel dos interlocutores sociais na flexibilização da legislação do trabalho é destacado em estudo na Organização Internacional do Trabalho (OZAKI, 2000).

Em países como Itália e Áustria há grande liberdade de contratação coletiva nas matérias sem caráter de ordem pública (OZAKI, 2000).

Os contratos atípicos são frequentemente adotados, assim como ampliaram-se as possibilidades de dispensa. Também se nota maior flexibilidade na remuneração, que varia em razão da produtividade individual e coletiva, bem como da pressão dos custos (OZAKI, 2000).

Essas modalidades foram introduzidas mediante negociação com as entidades sindicais, a revelar que o sindicato não deve atuar apenas no conflito, mas também em parceria com o capital, conforme as circunstâncias.

Portanto, mediante processos de participação e negociação, pode a empresa cumprir seus principais objetivos: contribuir para o progresso econômico e social, gerar lucros aos acionistas, oferecer trabalho decente e qualidade de vida aos trabalhadores.

Tais objetivos não podem ser conseguidos apenas com generosa legislação trabalhista e políticas sociais protecionistas, que nem sempre se conciliam com o desenvolvimento econômico e social.

O melhor modelo de proteção do trabalhador, qualquer que seja ele, empregado ou não, envolve cuidadosa combinação entre flexibilidade da norma e intervenção do Estado, assegurando um patamar mínimo de garantias. Esta fórmula vem sendo chamada flexigurança.

6. A *FLEXIGURANÇA OU* WORKFARE STATE

O Tratado de Lisboa de 2004 recomenda que os Estados-Membros melhorem o desempenho econômico por meio da flexibilização das políticas de mercado de trabalho e modernização das políticas sociais.

É uma evolução do *welfare state*, baseado principalmente na proteção rígida mediante atuação do Estado, para o *workfare state*, que tem como principal característica políticas ativas e passivas no mercado de trabalho, possibilitando a criação de novos empregos ou ocupações (SPATTINI, 2009).

Os objetivos são: maior inclusão no mercado de trabalho; melhor proteção social; aumento da capacidade de adaptação dos trabalhadores; melhor educação e formação profissional; maior flexibilidade dos mercados de trabalho (PURCALLA BONILLA, 2009).

Isto sintetiza a flexigurança, uma forma de proteção macroeconômica e macrossocial para equilibrar os interesses do empregador, que necessita mão de obra flexível e menor rigidez legal para aumentar a competitividade, e os do empregado, que exige proteção social quanto a emprego e renda, com qualidade de vida.

A flexigurança não oferece estabilidade no emprego, mas maior facilidade para a conquista de um posto de trabalho, a fim de manter o maior número de trabalhadores em atividade. Obrigam-se, por isto, a participar de programas vocacionais ou de reciclagem, que vão aumentar suas qualificações e nível de empregabilidade (SPATTINI, 2009).

A flexigurança propõe, em resumo:

> 1 — normas trabalhistas mais flexíveis;
>
> 2 — estratégias globais de aprendizagem permanente, especialmente para os menos qualificados;
>
> 3 — políticas eficazes para atenuar os impactos do desemprego e facilitar o acesso a novos empregos;
>
> 4 — sistemas de seguridade social que garantam renda ao trabalhador;
>
> 5 — meios de conciliação do trabalho com as responsabilidades pessoais e familiares (PURCALLA BONILLA, 2009).

O denominado *life long learning* constitui importante ferramenta da política social europeia. O Tratado de Lisboa tem por meta um modelo de conhecimento dinâmico e competitivo que gere crescimento econômico sustentável, mais e melhores postos de trabalho, maior coesão social e respeito ao meio ambiente. A formação profissional é uma estratégia de longa duração que pressupõe uma verdadeira revolução cultural, muita responsabilidade e empenho das empresas e do Estado (GALANTINO, 2010).

7. PROTEÇÃO AO ECONOMICAMENTE FRÁGIL

Dessas experiências se conclui que a proteção outorgada pela legislação trabalhista deve atender principalmente ao grau de debilidade econômica do trabalhador e não mais calcar-se na subordinação, conceito cada vez mais estranho às relações de trabalho do século XXI.

Ademais, a intervenção do Estado deve fazer-se de modo a garantir inclusão social, renda e qualidade de vida ao trabalhador, favorecendo a dinâmica do mercado de trabalho.

São Paulo, inverno de 2011.

BIBLIOGRAFIA CONSULTADA

ÁVILA, Priscila de Oliveira Pinto. Lavoro ripartito e lavoro intermittente. *In:* MANNRICH, Nelson (coord.). *Reforma do mercado de trabalho:* a experiência italiana. São Paulo: LTr, 2010.

BAYLOS, Antonio. *Direito do trabalho:* modelo para armar. Trad. Flávio Benites e Cristina Schultz. São Paulo: LTr,1999.

BARROS, Alice Monteiro de. Trabalhadores intelectuais: subordinação jurídica. Redimensionamento. *Revista de Direito do Trabalho*, São Paulo: RT, n. 115, 2004.

BOISSONAT, Jean. *2015* — horizontes do trabalho e do emprego. São Paulo: LTr, 1998.

BULGUERONI, Renata Orsi. Parassubordinação: origens, elementos, espécies e tutela. *In:* MANNRICH, Nelson (coord.). *Reforma do mercado de trabalho. A experiência italiana*. São Paulo: LTr, 2010.

BROWN, William. Third party labour market intervention in open economies. *In:* ISAAC, Joe; LANSBURY, Russell D. (org.). *Labour market deregulation. Essays in honour of Keith Hancock*. Sidney: The Federation, 2005.

CADIDÉ, Iracema Mazetto. A subordinação estrutural no contexto da terceirização. *Revista LTr*, v. 74, n. 5, p.572, maio 2010.

CAPELLA HERNANDEZ, Juan Ramón. *Revista Anamatra* n. 61, p. 5, 2011. Disponível em:<http://ww1.anamatra.org.br/sites/1200/1223/00003003.pdf> Acesso em: 19.8.2011.

CHEVALLIER, Jacques. *L'état post-moderne*. Paris: LGDJ, 2008.

FERREIRA, Cristiane Aneolito. Breve abordagem sobre as formas de terceirização denominadas trabalho temporário e *somministrazione* a tempo determinado em cotejo com o Decreto Legislativo n. 276/2003 que instituiu a Reforma Biagi na Itália. *In:* MANNRICH, Nelson (coord.). *Reforma do mercado de trabalho. A experiência italiana*. São Paulo: LTr, 2010.

FIORAVANTE, Tamira Maira. O papel da contratação coletiva de trabalho perante as novas tipologias contratuais no direito Italiano. *In:* MANNRICH, Nelson (coord.). *Reforma do mercado de trabalho. A experiência italiana*. São Paulo: LTr, 2010.

GALANTINO, Luisa. Direito ao trabalho e direito do trabalho no modelo comunitário. *In:* MANNRICH, Nelson (coord.). *Reforma do mercado de trabalho. A experiência italiana*. São Paulo: LTr, 2010.

GARCÍA TRASCASAS, Ascensión. *La reforma de la ocupación y el mercado de trabajo en Italia*. España: Bomarzo, 2006.

GOLDIN, Adrián. *Ensayos sobre el futuro del derecho del trabajo*. Buenos Aires: Zavalía, 1997.

HOYOS, Arturo. La flexibilización del derecho laboral en Panamá. *In:* ALVAREZ, Oscar Hernandez Caracas (coord.). *La flexibilización del trabajo. Un estudio internacional*. Univ. Centro Occidental Lisandro Alvarado, 1990.

ISAAC, Joe. The deregulation of the australian labour market. *In:* ISAAC, Joe; LANSBURY, Russell D. (org.). *Labour market deregulation. Essays in honour of Keith Hancock*. Sidney: The Federation, 2005.

LE FIGARO. Caderno Entreprises, 12.5.1909.

LE MONDE, 3 e 4 de maio de 2009.

_____ . 10 e 11 de maio de 2009, Débats Horizons.

LIMA, Francisco Meton Marques de. A "pejotização" do contrato de trabalho — retorno ao princípio da autonomia da vontade — Lei n. 11.196/05. *Revista LTr*, n. 6, 2007.

MASSONI, Túlio de Oliveira. O lugar do sindicalismo no novo direito do trabalho: a ação sindical para além da fábrica. *In:* MANNRICH, Nelson (coord.). *Reforma do mercado de trabalho. A experiência italiana*. São Paulo: LTr, 2010.

MCCALLUM, Ron. Industrial citizenship. *In:* ISAAC, Joe; LANSBURY, Russell D. (org.). *Labour market deregulation. Essays in honour of Keith Hancock*. Sidney: The Federation, 2005.

MOREIRA, Priscila Soeiro. O contrato a projeto na reforma italiana de 2003. *In:* MANNRICH, Nelson (coord.). *Reforma do mercado de trabalho. A experiência italiana.* São Paulo: LTr, 2010.

NICEMATIN. 17.4.2009.

OIT. Working paper n.5. *Laws or luck* — understanding rising formality in Brazil. Berg, Janine: ILO Office in Brazil.

_____ . Trabajo. *La Revista de la OIT*, n. 70, p. 8, dez. 2010.

OLIVEIRA, Murilo Carvalho Sampaio. Subordinação jurídica: um conceito desbotado. *Revista de Direito do Trabalho*, São Paulo, n. 126, 2007.

OZAKI, Muneto (dir.). *Negociar la flexibilidad:* función de los interlocutores sociales y del estado. Ginebra: Oficina Internacional del Trabajo, 2000.

PODETTI, Humberto A. Cambio social y adaptabilidad del derecho del trabajo. *Derecho del Trabajo*, Buenos Aires: La Ley, n. 12, p. 2520, dez. 1990.

PASTORE, José. A CLT se complica cada vez mais. (Publicado no site *O Estado de S. Paulo de 3.8.2010)* <www.josepastore.com.br/artigos/rt/rt_295.htm> Acesso em: 13.4.2011.

PURCALLA BONILLA, Miguel Angel. *El trabajo globalizado:* realidades y propuestas. España: Aranzadi, 2009.

REICH, Robert B. *Supercapitalismo.* Rio de Janeiro: Elsevier, 2008.

RODRIGUES, Ana Cristina Barcellos. Apprendistato. *In:* MANNRICH, Nelson (coord.). *Reforma do mercado de trabalho. A experiência italiana.* São Paulo: LTr, 2010.

RODRIGUES, Iram Jácome. Transformações no mundo do trabalho e dilemas do sindicalismo. *Revista do Direito do Trabalho,* São Paulo: RT, n. 117, 2005.

ROMITA, Arion Sayão. Os princípios do direito do trabalho ante a realidade. *Revista LTr,* v. 74, n. 9, set. 2010.

_____ . A crise do critério da subordinação jurídica — necessidade de proteção a trabalhadores autônomos e parassubordinados. *Revista LTr*, v. 68, n. 11, nov. 2004.

ROSS, Iain. Commentary. Industrial citizenship. *In:* ISAAC, Joe; LANSBURY, Russell D. (org.). *Labour market deregulation. Essays in honour of Keith Hancock.* Sidney: The Federation, 2005.

SILVA, Otavio Pinto e. *Subordinação, autonomia e parassubordinação nas relações de trabalho.* São Paulo: LTr, 2004.

SORIA, Thiago Melosi. Contrato de inserimento. *In:* MANNRICH, Nelson (coord.). *Reforma do mercado de trabalho. A experiência italiana.* São Paulo: LTr, 2010.

SPATTINI, Silvia. The reform of social protection systems and flexicurity in a european perspective. *In:* Obra coletiva. *The modernization of labour law and industrial relations in a comparative perspective.* Bruxelas: Kluwer Law International, 2009.

VEIGA, José Eli da. Gato por lebre. *Valor Econômico*, 16.8.2011, p. A17.

VENDRAMIN, Patricia; VALENDUC, Gérard. *L´avenir du travail dans la société de l´information.* Paris: L´Harmattan, 2000.

VIANA, Márcio Túlio. Trabalhadores parassubordinados: deslizando para fora do direito. *In:* RENAULT, Luiz Otávio Linhares *et al.* (coords.). *Parassubordinação*. São Paulo: LTr, 2011.

O QUE ESTÁ DEMASIADO NA LEGISLAÇÃO TRABALHISTA DO BRASIL: RIGIDEZ OU FLEXIBILIDADE?

DAGOBERTO LIMA GODOY[*]

Dedico estas reflexões ao Professor José Pastore, o mais lúcido, respeitado e influente batalhador pela modernização das relações do trabalho, no Brasil.

Tenho muitas vezes me somado às críticas que se fazem à excessiva rigidez da legislação trabalhista, corporificada na vetusta Consolidação das Leis do Trabalho (CLT), atribuindo-lhe um lugar de destaque na composição do "Custo Brasil", ou seja, na rede de empecilhos à competitividade da economia brasileira, entretecida com outras tantas disfunções legislativas, fiscais, administrativas e de infraestrutura.

Entretanto, minha já longa vivência como membro do Conselho de Administração da Organização Internacional do Trabalho (OIT), onde convivo com atores sociais dos mais diversos países do mundo, tem me levado a refletir sobre as reais dimensões dessa tão alardeada rigidez. Tais reflexões de forma alguma serviram para arrefecer a convicção da necessidade de uma modernização da regulação das relações de trabalho, em nosso País. Mas, motivaram um olhar diferente, na tentativa de identificar o verdadeiro foco do problema e buscar um caminho menos obcecado pela flexibilização e mais preocupado com a saída do impasse, até agora intransponível, entre as demandas opostas de empresários e de sindicalistas.

(*) Administrador, advogado e professor, consultor empresarial, foi membro da Organização Internacional de Empregadores (Genebra-Suíça), da Comissão Empresarial de Assessoramento Técnico em Assuntos Laborais da Conferência Inter-Americana de Ministros de Trablaho da Organização dos Estados Americanos, do Conselho de Administração do Instituto Internacional de Estudos Laborais (Genebra-Suíça), autor dos livros: *A reindustrialização do Rio Grande do Sul* (Ed. FIERGS, 1999), *Neocomunismo no Brasil* (Ed. Mercado Aberto, 2001), *Reforma Trabalhista no Brasil* (LTr Editora, 2005), *Flexisseguridade no Brasil* (LTr Editora, 2010).

> *Ainda que o trabalho humano não deva ser tratado como mercadoria, segundo prescreve a constituição da Organização Internacional do Trabalho (OIT), o custo, ou melhor, a produtividade da mão de obra continua constituindo uma vantagem comparativa, até mesmo decisiva, quando se trata de comercializar produtos intensivos nesse insumo. Entretanto, na Sociedade do Conhecimento, o trabalho humano é o mais importante fator da competitividade de empresas e nações.*

A ideia central do presente artigo é a desmistificação dos dois polos da histórica disputa: nem a rigidez da legislação trabalhista brasileira tem um grau tão elevado, como reclamam os empregadores, nem estão os nossos trabalhadores tão carentes de proteção adicional, quanto proclamam os sindicatos e as suas centrais.

Procuro demonstrar essa tese, convencido de que somente desanuviando as visões mais radicais é que se poderá administrar o conflito de interesses entre capital e trabalho[1], conciliar a segurança dos trabalhadores com a liberdade de gestão empresarial e desenvolver uma economia competitiva. Esperando ser bem sucedido na demonstração, passo a identificar onde se encontram os reais obstáculos à adoção de uma legislação mais atualizada e eficaz, e, afinal, sugerir alguns meios para superá-los.

O CONTEXTO: GLOBALIZAÇÃO, MUDANÇAS E DESAFIOS NAS RELAÇÕES DE TRABALHO

Dois fatores principais impõem e balizam uma revisão do sistema de relações de trabalho e emprego: a globalização da economia e as inovações científicas e tecnológicas que caracterizam a Sociedade do Conhecimento.

A globalização impõe a regra fundamental de uma competição implacável entre os agentes econômicos, num mundo em que as fronteiras entre países são totalmente vulneráveis às comunicações e cada vez menos protegidas por barreiras alfandegárias. Ora, ainda que o trabalho humano não deva ser tratado como mercadoria — segundo prescreve a constituição da

---

(1) Utilizo essa expressão em função do seu corrente uso, embora estando certo de que ela não reflete adequadamente a complexidade das relações do trabalho modernas, nas quais intervém uma série de outros fatores também determinantes, com destaque para o talento empreendedor, a inovação e o conhecimento (empregado em diferentes formas de tecnologia: industrial, comercial, de gestão etc.).

OIT[2] — o custo, ou melhor, a produtividade da mão de obra continua constituindo uma vantagem comparativa que pode ser decisiva, quando se trata de comercializar produtos intensivos nesse insumo. Como salários e encargos sociais oneram o custo e, por si só, não garantem maior produtividade, acirram-se os conflitos entre os trabalhadores — que querem mais benefícios — e as empresas — forçadas pela competição a minimizar custos.

Entretanto, na Sociedade do Conhecimento em que vivemos o trabalho humano passou a ser o mais importante fator da competitividade de empresas e nações, visto que o saber, por mais atual e avançado seja ele, só se aplica à prática por meio das pessoas, estas que — individualmente ou em equipe — são sempre as titulares das capacidades de inovar e tomar iniciativas. Ocorre que não são ainda universais nem o reconhecimento desse fato, nem a percepção de que pessoas insatisfeitas não põem todo o seu potencial a serviço das organizações. Em seu próprio prejuízo, grande parte de empresários e administradores — ainda aferrados ao paradigma "fordista" — continuam a pensar que máquinas e sistemas de informatização podem (ou terão de) substituir o trabalho humano, inclusive com a vantagem de eliminar o potencial de conflito de interesses que lhe é inerente. Não obstante, acredito que a mentalidade desses retardatários tende a evoluir, diante da evidência das vantagens competitivas aportadas pelas pessoas às empresas que sabem valorizar seu conhecimento e criatividade.

Sem embargo, a indispensável revisão esbarra com enormes resistências. De um lado, opõem-se os sindicatos de trabalhadores, geralmente com o apoio das correntes políticas "de esquerda" e o respaldo da maior parte da academia e do Judiciário, todos preocupados com a justiça social, mas pouco atentos às condicionantes enfrentadas pelas empresas para se manterem competitivas e, assim, serem capazes de gerar mais e melhores empregos. Do lado oposto, ainda que minoritária, mantém-se a velha mentalidade patronal que clama por mais "flexibilizações", tais e tantas que livrem a gestão empresarial de quaisquer condicionantes de cunho social.

Do plano internacional, vem a influência da OIT, promovendo o "trabalho decente" e insistindo para que o Brasil persista em buscá-lo por meio da ratificação de normas internacionais de trabalho marcadas pelo protecionismo, estratégia que já não se mostra minimamente eficaz, sendo até mesmo considerada, por muitos, um fator agravante do desemprego, por contribuir para o enrijecimento das relações laborais. Em todo o mundo, tanto mais se incrementa a regulação dos contratos de trabalho, tanto maior é a frustração com os resultados, parecendo que o tiro sai pela culatra. E os mecanismos de Diálogo Social —

---

(2) E afirma o Professor José Pastore: "O trabalho não é uma "commodity" que pode ser leiloada em bolsas de mercadorias ou que pode ser contratada com base exclusiva nas leis de mercado." (PASTORE, 2006)

também intensamente promovidos pela OIT —, embora se apresentem como uma alternativa certamente mais razoável, não têm conseguido mais do que abrandar o conflito, ficando longe de solucioná-lo.

Nesse cenário, é que se deve discutir o grau de rigidez da legislação trabalhista, no Brasil, e cogitar das medidas necessárias para atualizar e aperfeiçoar a regulação das relações de trabalho, abrangendo não somente os empregos tradicionais, mas também as novas formas de divisão e contratação do trabalho.

A FLEXIBILIDADE NÃO RECONHECIDA

Devo, em primeiro lugar, explicar por que concluí haver um certo exagero nas avaliações do grau de rigidez das normas trabalhistas, no Brasil. Para tanto, lembro que geralmente se identificam quatro formas de flexibilidade nas relações de trabalho (Quadro I): a) nos contratos de trabalho (flexibilidade contratual ou numérica), para modelar o emprego no interior das organizações; b) nos sistemas de produção (flexibilidade produtiva), relativa às práticas para descentralizar a produção, via terceirização e outras formas de subcontratação; c) no tempo trabalhado e nas formas de remuneração (flexibilidades temporal e financeira, respectivamente); e d) na organização do trabalho, para evoluir dos padrões convencionais de subordinação (flexibilidade organizacional ou funcional) e praticar a rotação de funções e as multitarefas.

QUADRO I — FORMAS DE FLEXIBILIDADE

	Flexibilidade quantitativa	Flexibilidade qualitativa
Flexibilidade externa	Nos contratos de trabalho (de duração determinada, temporário, eventual etc.)[3]. Flexibilidade contratual.	Nos sistemas de produção (terceirizações, *free-lancers* etc.). Flexibilidade produtiva.
Flexibilidade interna	No tempo trabalhado (duração da jornada, horas extras, turnos, domingos e feriados etc.) e nos sistemas de remuneração. Flexibilidade temporal e financeira.	Na organização do trabalho (rotação de funções, multitarefas etc.). Flexibilidade funcional.

Fonte: Goudswaard and Nanteuil, *apud* Vielle & Walthery, 2003, com adaptações do autor.

---

(3) Para a OIT, toda forma de trabalho que não seja contratado a tempo completo e por prazo indeterminado, resulta nos empregos "flexíveis" (também denominados "atípicos", "eventuais" ou "precários"), que incluem: emprego a tempo parcial (com jornada semanal inferior à legalmente estabelecida); emprego

Uma análise à luz dessa classificação permite encontrar uma série de medidas legislativas já em vigor no Brasil (com efeito de flexibilização quantitativa, segundo a classificação acima). Vejamos as principais[4]:

a) *nos contratos de trabalho:*

- criação de cooperativas de prestação de serviço, sem caracterização de vínculo empregatício (Lei n. 8.949/94);

- contratos por tempo determinado, com simplificação dos critérios de rescisão contratual e as contribuições sociais (Lei n. 9.601/98);

- suspensão do contrato de trabalho, por prazo de 2 a 5 meses, associada à qualificação profissional, mediante negociação coletiva (MP n. 1.726/98)[5];

- denúncia da Convenção n. 158 da OIT, afastando condicionantes para a demissão imotivada (Decreto n. 2.100/96);

- contrato por jornada parcial, com redução da jornada até 25 horas semanais, com salário e demais direitos proporcionais (MP n. 1.709/ 98)[6];

- regulamentação das demissões por excesso de pessoal no setor público (limites de despesas com pessoal) (Lei n. 9.801/99);

b) *no tempo trabalhado e nos sistemas de remuneração:*

- criação do Banco de Horas (Lei n. 9.601/1998 e MP n. 1.709/1998), permitindo a definição de jornada organizada no ano, para atender a flutuações dos negócios e prazo para sua compensação, mediante acordo ou convenção coletiva;

---

temporário (com duração fixa, ligada a uma tarefa ou obra determinada, inclusive aquele organizado por agências de trabalho); emprego eventual (de caráter irregular ou intermitente); emprego de capacitação (um misto de emprego e treinamento, incluindo a aprendizagem); emprego sazonal (o intermitente, durante determinada época do ano).

(4) Fonte: POCHMANN, Márcio (2003) — "Impactos das experiências internacionais de reforma trabalhista e os riscos da flexibilização da CLT no Brasil" — *Apud* SOUZA FILHO, 2004 (com reparos do autor).

(5) Substituída sucessivamente até a Medida Provisória n. 2.164-41, de 2001, que introduziu o art. 476-A na CLT.

(6) Substituída sucessivamente até a Medida Provisória n. 2.164-41, de 2001, que introduziu os arts. 58-A e 130-A na CLT.

- autorização do trabalho aos domingos nas atividades do comércio em geral, observada a legislação municipal, mediante negociação coletiva (Lei n. 11.603/2007);

- Participação nos Lucros e Resultados (PLR), mediante negociação coletiva (MP n. 1.029/94 e Lei n. 10.101/2000);

- fim da política de reajuste salarial e proibição das cláusulas de reajuste automático (Plano Real — MP n. 1.053/1995 e reedições).

Além dessas, ainda se pode citar, como medida flexibilizante, a vedação da ultratividade de acordos e convenções, segundo a MP n. 1.620/98 e a Súmula n. 277 do TST, que estatuíram que as condições de trabalho, quando estabelecidas por sentença normativa, convenção ou acordo coletivos, vigoram no prazo assinado, não integrando, de forma definitiva, os contratos individuais de trabalho.

Enfim, esse conjunto de medidas, de inegável efeito flexibilizante, terminou sendo pouco valorizado pelos que reclamam da excessiva rigidez da regulação[7], talvez por já ter sido assimilado pelas práticas correntes.

A RIGIDEZ CONTESTADA

Na verdade, a rigidez da legislação nacional está concentrada em pontos determinados, especialmente no campo das flexibilizações qualitativas. Aceitar esse fato, não significa negar que esses nós legais, mesmo sendo relativamente poucos, constituem importantes óbices para os investimentos produtivos e a competitividade da economia nacional. Tolhem a liberdade de gestão, oneram o fator trabalho com encargos sociais, tributários e burocráticos. E, no que seja talvez a mais grave preocupação dos empregadores, resultam no alto grau de insegurança jurídica que paira sobre os contratos de trabalho tradicionais e inibe a prática das novas modalidades de contratação e organização do trabalho. Neste ponto, aparece como exemplo emblemático a falta de uma adequada regulação da terceirização, pois em torno dela vem se travando uma polêmica que já toma muitos anos. Por um lado, os empregadores afirmam ser evidente a indispensabilidade da utilização desse mecanismo, como elemento fundamental

---

(7) O Banco de Horas e a PLR são exceções, pois seus méritos são reconhecidos, ainda que limitados por detalhes técnicos e pelas reações negativas das centrais sindicais. A Lei n. 9.601/98, ao exigir a concordância dos sindicatos para a adoção do Banco de Horas, vem sendo alvo de acusações de desvirtuamento e inadimplência das empresas beneficiadas. E a prática da PLR não atingiu a extensão que se esperava — dada a sua intrínseca racionalidade —, pelas dificuldades encontradas na determinação de valores consensuais para as participações.

das cadeias (ou redes) de produção; pelo outro, permanecem as reações contrárias das centrais sindicais, que acusam a terceirização de ser, na verdade, uma forma de "precarização" das relações do trabalho. Assim, vários projetos de lei vêm tramitando no Congresso Nacional, há mais de dez anos, sem que a reclamada regulação seja estabelecida por lei.

O Professor José Pastore põe em relevo essa questão crítica da insegurança jurídica, apontando-a, ao lado das elevadas despesas de contratação, como fatores que levam à má colocação do Brasil na pesquisa periódica do Banco Mundial[8] que situa o Brasil em 138º lugar entre 183 países, no que se refere à complicação das regras tributárias e trabalhistas. E pondera que, no campo trabalhista, "a insegurança decorre (1) da pobreza da negociação coletiva; (2) de leis em excesso e mal redigidas; (3) de interpretações divergentes dos tribunais; (4) de abusos na execução de sentenças, com devastadoras penhoras *on-line*; (5) de intervenção excessiva de órgãos da fiscalização e do próprio Ministério Público, aplicando multas, desconsiderando contratos e relações entre pessoas jurídicas por mera presunção de fraude". Ainda mais, lamenta o fato de que, em muitos casos, cláusulas negociadas livremente pelas partes em acordos ou convenções coletivas são questionadas e anuladas pelos juízes do trabalho. E conclui, com um toque de humor: "a incerteza dos passivos é tão grave que muitos investidores chegam a dizer que, no Brasil, até o passado é imprevisível" (PASTORE *et* ROBORTELLA, 2009).

A rigidez da legislação nacional está concentrada em pontos determinados, os quais, embora relativamente poucos, resultam em importantes óbices para os investimentos produtivos e a competitividade da economia nacional. Tolhem a liberdade de gestão, oneram o fator trabalho com encargos sociais, tributários e burocráticos e — no que seja talvez a mais grave preocupação dos empregadores — resultam no alto grau de insegurança jurídica que paira sobre os contratos de trabalho tradicionais e inibe a prática das novas modalidades de contratação e organização do trabalho.

Não obstante a complexidade do problema e a radicalização das partes confrontantes, tenho examinado, em trabalhos já publicados, os meios possíveis para desfazer esses nós de rigidez e conduzir a uma flexibilização ajuizada, levando sempre em conta que, sendo relativamente simples, em termos técnicos, esses

---

(8) *Doing Business* — 2010.

caminhos envolvem grande dificuldade, sob o aspecto político. Então, como superar as dificuldades políticas e viabilizar as mudanças acima preconizadas?

Em termos gerais, as ideias para a reforma da legislação trabalhista apontam dois caminhos: a) uma reforma que busque a racionalização das regras aplicáveis a todo o universo de empregadores, sem distinção de setor ou porte; ou b) o desdobramento da legislação em corpos normativos diversos, formulados de acordo com a natureza das relações respectivamente envolvidas. O segundo caminho desde logo aparenta ser mais viável, dada a enorme diversidade das relações do trabalho que torna extremamente improvável uma solução do tipo *one size fits all*. Esse desdobramento da legislação trabalhista tem sido pensado segundo duas variantes básicas: a criação de uma lei específica para as empresas de menor porte, mantendo-se a CLT para as maiores; ou a flexibilização da CLT, para as empresas que atendam a determinadas condições legais.

Na primeira variante enquadra-se a ideia lançada e defendida pelo Professor José Pastore, sob o título de "Simples Trabalhista", seguindo a mesma lógica que inspirou a "Lei Geral da Micro e Pequena Empresa" (Lei Complementar n. 123/2006), que instituiu um tratamento tributário diferenciado e favorecido para as microempresas e empresas de pequeno porte, no âmbito da União, dos Estados, do Distrito Federal e dos Municípios[9]. Segundo a Confederação Nacional da Indústria (CNI), parceira na promoção da proposta, um Simples Trabalhista deveria permitir que as pequenas e microempresas negociassem, em separado, benefícios trabalhistas que costumam assumir valores inviáveis para os pequenos empregadores, quando a negociação coletiva é feita em conjunto com as empresas maiores da mesma categoria. Assim, o Simples Trabalhista teria a propriedade de promover a desoneração automática e seletiva das folhas de salário, contribuindo para diminuir a informalidade — comum nesse segmento —, que deixa o trabalhador sem proteções trabalhistas e previdenciárias e priva a Previdência das respectivas contribuições. Nenhum desses avanços implicaria mudança constitucional — o que facilitaria a tramitação no Congresso Nacional — nem retiraria direitos dos trabalhadores que já estão protegidos; ao contrário, eles preservariam esses direitos e estenderiam um mínimo de proteção aos milhões de brasileiros que nada têm[10] (MONTEIRO NETO, 2007).

---

(9) Na mesma linha, também, da Lei Complementar n. 128, de 19.12.2008, que criou condições especiais para que o trabalhador conhecido como informal possa se tornar um Empreendedor Individual legalizado, enquadrando-se no Simples Nacional e, assim, ficando isento dos tributos federais (Imposto de Renda, PIS, Cofins, IPI e CSLL). Pagando apenas um módico valor fixo mensal, destinado à Previdência Social e ao ICMS ou ao ISS, conforme o caso, passa a ter acesso a benefícios como auxílio-maternidade, auxílio--doença, aposentadoria, entre outros.

(10) Em entrevista ao jornal *Valor Econômico*, de 2.3.2011, o ministro João Oreste Dalazen, Presidente do Tribunal Superior do Trabalho (TST), também defendeu a criação de um Simples Trabalhista, para estimular a contratação formal por micro e pequenas empresas.

Com inspiração semelhante, recentemente o Deputado Júlio Delgado (PSB/MG) apresentou o PL n. 951/2011, com vistas a instituir o Programa de Inclusão Social do Trabalhador Informal (Simples Trabalhista). Pelo projeto, as microempresas e empresas de pequeno porte poderão optar pela participação no Simples Trabalhista, mediante preenchimento de termo de opção a ser entregue no MTE, passando a gozar de uma vasta série de prerrogativas — seja mediante acordo ou convenção coletiva, seja por acordo escrito firmado entre o empregador e o empregado —, mas ficarão sujeitas à exclusão do Simples Trabalhista se mantiverem, em seus quadros, qualquer trabalhador informal, um ano após sua inscrição no Programa, ou descumprirem qualquer norma constante da lei, hipótese em que lhes será aplicada a multa de um mil reais, por trabalhador contratado.

Na segunda variante, desponta outra vez o Professor Pastore que, em dois magistrais artigos publicados no jornal *O Estado de S. Paulo*, em setembro e outubro de 2000, já pregava a "montagem de um sistema em que o negociado prevaleça sobre o legislado", mediante uma fórmula aparentemente simples: "o *caput* do art. 7º da Constituição Federal incorporaria uma simples (e profunda) mudança na sua parte inicial. Onde se lê: 'São direitos dos trabalhadores...' ler--se-ia: 'Salvo negociação coletiva, são direitos dos trabalhadores...'". Entretanto, dava consistência à proposta relacionando-a com "um novo sistema que mantém direitos básicos e abre opção para as partes negociarem o que desejam, como se faz nos países que evoluíram na área trabalhista, sem problemas. É a 'flexisseguridade' — um sistema que introduz a flexibilidade, preservando a seguridade". E apontava os cuidados a serem tomados na implementação do sistema: em primeiro lugar, a negociação deveria ser coletiva, com a participação de sindicatos inseridos em uma organização sindical reformada para estimular o fortalecimento das entidades representativas e desestimular as demais. Em segundo lugar, preconizava uma negociação articulada (dentro de setores, categorias, regiões, localidades e empresas), mediante contratos do tipo "guarda--chuva", que contemplariam adaptações legítimas das normas gerais, numa alternativa intermediária entre o contrato coletivo nacional ("irrealista para a diversidade do País") e o contrato por empresa (que "cria desequilíbrios para os trabalhadores"). Em terceiro lugar, quando vencido o contrato e havendo arrependimento ou modificadas as condições negociadas, as partes voltariam a ser protegidas pelos direitos previstos na Constituição Federal e na CLT, que seriam preservados na sua forma atual.

Costumo citar algumas outras ideias criativas, a saber:

> O ex-ministro do Tribunal Superior do Trabalho (TST), Gelson Azevedo, sugeriu a manutenção da CLT para dar cobertura às categorias de

trabalhadores pouco ou nada organizadas, enquanto uma nova lei estabeleceria que, ressalvadas as hipóteses de segurança física e mental do trabalhador — repouso semanal remunerado, férias, insalubridade e periculosidade —, e os interesses de terceiros — INSS, IR, FGTS. As demais vantagens trabalhistas seriam derrogáveis, revogáveis ou, ainda, negociáveis pela vontade coletiva do trabalhador (AZEVEDO, 1998).

Um outro magistrado — José Maria Quadros de Alencar, do Tribunal Regional do Trabalho do Pará —, defende a criação de uma nova legislação, específica para as empresas e organizações que praticam "o novo paradigma da especialização flexível", enquanto a CLT continuaria vigente para as de gestão antiquada. As empresas que atendessem aos padrões legais — demonstrando responsabilidade socioambiental — receberiam incentivos, sob a forma de "sanções premiais", vinculadas a cada atributo, os quais seriam reduzidos ou suprimidos quando a empresa o perdesse. Essa nova legislação limitar-se-ia a aspectos da organização do trabalho e não alteraria o rol de direitos já consagrados (ALENCAR, 2001).

O prestigioso professor Hélio Zylberstajn, da Universidade de São Paulo (USP), sugeriu que, em vez de um modelo único, viessem a ser formulados vários pacotes legais, menos engessadores que a CLT e mais indutores da negociação coletiva. A empresa teria que escolher um deles ou cair em *default*; ou poderia, ainda, propor outro pacote, a ser negociado com alguma forma de representação dos empregados (ZYLBERSTAJN et al., 2000).

O fato é que nenhuma dessas propostas de feição modernizadora conseguiu abalar a vetusta CLT, que se mantém praticamente intacta sobre a sólida base da cultura protecionista predominante. É verdade que o Governo Fernando Henrique Cardoso tentou avançar mediante a formulação do Projeto de Lei n. 5.483/2001, que propunha a alteração do disposto no art. 618 da CLT, para que as condições de trabalho ajustadas mediante convenção ou acordo coletivo viessem a prevalecer sobre o disposto em lei, desde que não contrariassem a Constituição Federal e as normas de segurança e saúde do trabalho. Após uma tramitação marcada por grande polêmica, o projeto foi aprovado pelo Congresso Nacional, porém com redação diferente da originalmente proposta e muito menos flexibilizante. E o que seria uma verdadeira revolução para o direito do trabalho brasileiro, invertendo a hierarquia das normas para fazer o acordo coletivo prevalecer sobre a lei, teve o seu alcance drasticamente limitado.

Isto posto, diante de tantas frustrações acumuladas, reafirmo minha convicção de que o novo caminho a ser explorado pode estar sendo apontado pela citada experiência europeia da flexisseguridade.

FLEXISSEGURIDADE

Sob as pressões competitivas exacerbadas pela globalização, a União Europeia (UE) encontrou o caminho da *flexicurity*, para as indispensáveis reformas do mercado de trabalho e das políticas sociais. A Comissão Europeia emitiu, em 2007, uma Comunicação para propor uma estratégia de flexisseguridade, com quatro grandes componentes políticas, a saber (*European Comission*, 2007) [11]: *i)* disposições contratuais flexíveis, mercê da modernização das legislações trabalhistas; *ii)* estratégias abrangentes de aprendizagem ao longo da vida; *iii)* políticas ativas de emprego efetivas; e *iv)* sistemas de segurança social modernos.

A primeira componente envolve a já destacada preocupação dos empregadores brasileiros quanto ao alto grau de insegurança jurídica que paira sobre os contratos de trabalho no Brasil. Chega-se a dizer que só se pode saber da validade das avenças nesse campo, após terem elas sido submetidas ao julgamento dos tribunais do trabalho, como parte da torrente de ações reclamatórias que atulham nossas cortes trabalhistas[12]. Vejamos, então, como se encontram as demais componentes e que medidas podem ser tomadas para melhorá-las.

ESTRATÉGIAS DE APRENDIZAGEM AO LONGO DA VIDA

No setor público, encontramos o Plano Nacional de Qualificação, operado pelo Ministério do Trabalho e Emprego (MTE), com recursos do Fundo de Amparo ao Trabalhador (FAT), por meio de ações descentralizadas de qualificação. Um avanço poderia ainda ser obtido com a implementação do Plano Nacional de Certificação, segundo o art. 41 da Lei n. 9.394/96 — Diretrizes e Bases da Educação Nacional.

No setor privado, destaca-se sobremaneira o assim chamado "Sistema S", constituído por entidades administradas pelas organizações empresariais de cúpula[13], com o suporte de contribuições compulsórias das empresas dos respectivos setores. Tendo o SENAI como pioneiro, o conjunto completado por

---

(11) No mesmo comunicado, a Comissão registra a seguinte definição: *Flexicurity* é uma abordagem abrangente da política de mercado de trabalho que combina uma suficiente flexibilidade nos arranjos contratuais — para permitir que as empresas e seus empregados se adaptem às mudanças — com a provisão de segurança de que os trabalhadores mantenham seu emprego ou possam encontrar um novo rapidamente, com a segurança de uma renda adequada no intervalo entre os dois empregos.
(12) Segundo o Professor José Pastore, com cerca de dois milhões de processos por ano, o Brasil é campeão mundial em ações trabalhistas.
(13) Da indústria — SENAI —, do comércio — SENAC —, dos transportes — SENAT — e da agricultura — SENAR.

SENAC, SENAT e SENAR tem sido o agente principal de formação profissional, desde a década de 1940 do século passado. A estrutura desse sistema deve ser mais bem aproveitada, alocando-lhe recursos do FAT (que terão um retorno garantido dada a competência já comprovada dos seus agentes). Outra possibilidade promissora é a utilização massiva de cursos contextualizados (similares ao conhecido e bem avaliado Telecurso 2000, mantido pela Fundação Roberto Marinho e o Sistema FIESP)[14], com ênfase em habilitações básicas, via Internet e meios televisivos.

Políticas ativas

O Governo Federal já vem elaborando e tentando operacionalizar uma série de instrumentos de políticas destinadas a reforçar a geração de empregos e a minorar os efeitos do desemprego: intermediação de mão de obra, por meio do Sistema Nacional de Emprego (SINE); qualificação profissional para trabalhadores desempregados ou em risco de desemprego e para microempreendedores; concessão de crédito produtivo assistido a micro e pequenas empresas, cooperativas e trabalhadores autônomos; promoção da reintegração de jovens de 15 a 29 anos ao processo educacional, sua qualificação profissional e desenvolvimento humano (Projovem); estímulo ao primeiro emprego para os jovens (PNPE); apoio à formação e divulgação de redes de empreendimentos solidários. Podem-se considerar ainda, como integrantes das políticas ativas, o apoio às micro e pequenas empresas (MPEs), seja por meio do Serviço Brasileiro de Apoio às Micro e Pequenas Empresas (SEBRAE), seja pelo alívio na burocracia e nos encargos para as MPEs (Lei do Simples n. 9.517/96). Os resultados colhidos têm variado, desde o sucesso da Lei do Simples até o fracasso do PNPE, admitido até por agentes governamentais.

Mas, a lacuna a ser preenchida, certamente de importância crucial para a geração e manutenção de mais e melhores empregos, é a indispensável melhoria do entorno propício à atividade empresarial: desburocratização; moderação da carga tributária; investimentos em infraestrutura; segurança jurídica para os contratos, em geral; combate efetivo contra a corrupção; e um fim para a impunibilidade.

Sistema de segurança social

A insatisfação generalizada com a baixa qualidade e a insuficiência dos serviços públicos de seguridade social tem levado muitos brasileiros a não

---
(14) Disponível em:<www.telecurso.org.br>.

perceber o quanto estamos à frente de muitos países, em termos de seguridade social. Abstraídas as inegáveis imperfeições e a reduzida eficácia do sistema de segurança social brasileiro, são raros os países que podem listar um conjunto de benefícios sociais como o nosso. Uma forma sintética de refletir o avançado estágio da seguridade social no Brasil consiste em fazer a sua avaliação com base nas prescrições da OIT.

A OIT propõe a criação de um piso de seguridade social a ser alcançado em todo o mundo, mediante uma estratégia concebida em duas dimensões. A dimensão horizontal prevê a adoção de um regime básico de seguridade social de âmbito mundial, que compreende quatro prestações essenciais, de caráter não contributivo, que se garantiriam a todos os residentes no país. E a dimensão vertical oferece orientação para aqueles países que, já tendo estabelecido o regime básico de seguridade social, desejem ascender na "escala de seguridade social", até alcançar o nível estabelecido pela Convenção n. 102 da OIT, relativa à norma mínima da segurança social (ratificada pelo Brasil, em 2002). No Quadro II, projeto a situação do Brasil quanto ao atendimento dos quatro parâmetros que caracterizariam o Piso Mínimo de Seguridade (PMS), uma meta ainda muito distante para a maioria dos países do mundo.

QUADRO II — SITUAÇÃO DO BRASIL QUANTO AO ATENDIMENTO DAS PRESTAÇÕES ESSENCIAIS DO PISO MÍNIMO DE SEGURIDADE, PROPOSTO PELA OIT

Prestações essenciais do Piso Mínimo de Seguridade (OIT)	Prestações oferecidas pelo Estado, no Brasil
Atenção básica de saúde — Todos os residentes no país devem ter acesso a um conjunto de serviços essenciais de atenção à saúde, estabelecidos em nível nacional, sob a responsabilidade geral do Estado.	O Sistema Único de Saúde (SUS) abrange desde o simples atendimento ambulatorial até o transplante de órgãos, garantindo acesso integral, universal e gratuito para toda a população do país.
Prestações familiares e/ou por filho, estipuladas acima do limiar de pobreza — Todas as crianças devem gozar de segurança de renda, ao menos ao nível do umbral oficial de pobreza do país, que facilite o acesso a educação, saúde e nutrição.	O Bolsa Família é um programa de transferência direta de renda, que beneficia famílias em situação de pobreza e de extrema pobreza. Possui três eixos principais: transferência de renda, condicionalidades e programas complementares (que objetivam o desenvolvimento das famílias).

Prestações básicas de desemprego — Todas as pessoas dos grupos de idade ativa que não obtêm renda suficiente no mercado de trabalho devem gozar de segurança de renda mínima, mediante planos de assistência social, de transferências sociais ou mediante programas públicos de garantias de emprego.	Benefício de Prestação Continuada (BPC) — Garantido pela Constituição Federal, assegura um salário mínimo mensal ao idoso, com idade de 65 anos ou mais, e à pessoa com deficiência, de qualquer idade, incapacitada para a vida independente e para o trabalho, que comprove não possuir meios de garantir o próprio sustento, nem tê-lo provido por sua família. O BPC integra Sistema Único da Assistência Social (SUAS)[15]. Seguro-desemprego — Garantido pelo art. 7º da Constituição Federal, tem por finalidade promover a assistência financeira temporária ao trabalhador desempregado, em virtude da dispensa sem justa causa.
Pensões por idade e invalidez — Todos os residentes da terceira idade e as pessoas com incapacidades devem ter segurança de renda mínima, ao menos ao nível do umbral oficial de pobreza do país, mediante o recebimento de pensões específicas.	Aposentadoria por idade — Direito dos trabalhadores urbanos do sexo masculino, a partir dos 65 anos, e do sexo feminino, a partir dos 60 anos de idade. Os trabalhadores rurais podem pedir o benefício a partir dos 60 anos, homens, e a partir dos 55 anos, mulheres. Aposentadoria por invalidez — Concedida aos trabalhadores que, por doença ou acidente, forem considerados pela perícia médica (renovada a cada dois anos) da Previdência Social incapacitados para exercer suas atividades ou outro tipo de serviço que lhes garanta o sustento. Aposentadoria especial — Concedida em caso de exposição comprovada aos agentes físicos, biológicos ou associação de agentes prejudiciais pelo período exigido para a concessão do benefício.
Prestações não incluídas na proposta de PSM da OIT (já em níveis superiores da "escala de seguridade social").	Auxílio-Acidente Auxílio-Doença Auxílio-Reclusão Salário-Maternidade Salário-Família Pensão por Morte

---

(15) Em 2011, cerca de 3,7 milhões de idosos e pessoas com deficiência recebem o Benefício de Prestação Continuada (BPC).

Feitas a análise e a comparação acima, conclui-se que o Brasil já vai adiantado em três das quatro componentes políticas da flexisseguridade, como preconizadas pela União Europeia, ou seja, está avançado em estratégias de aprendizagem ao longo da vida, políticas ativas de emprego e sistemas de segurança social modernos. Ademais, os gastos do orçamento federal relativos a essas políticas comprovam o empenho com que o país as vem tentando implementar satisfatoriamente (sem esquecer os correspondentes esforços dos governos estaduais e municipais, ativos parceiros do governo central no SUS, no SUAS, na educação e na capacitação profissional, bem como as ações do setor privado e da sociedade civil, na mesma direção). Uma consultoria do Senado Federal (AMARO, 2011) calcula que os gastos sociais consumiram a metade da despesa primária do orçamento federal e 11% do PIB brasileiro, nos 12 meses até novembro de 2010.

Assim, é forçoso concluir que o país não dispõe de grande margem de recursos para investir ainda mais em gastos sociais, considerada a já elevada carga tributária atual. Não obstante, para avançar no que diz respeito à primeira componente da flexisseguridade — com a elevação do nível de segurança jurídica para os contratos de trabalho — o Estado pode e deve: *i)* melhorar a qualidade dos benefícios existentes (especialmente do SUS); *ii)* complementar a Reforma Previdenciária, visando à sustentabilidade do sistema previdenciário e à isonomia dos benefícios concedidos aos contribuintes dos setores público e privado; *iii)* aperfeiçoar o sistema de seguro-desemprego e as políticas ativas de fortalecimento do mercado de trabalho (capacitação e atualização profissional, agenciamento e recolocação de empregos etc.).

Será isso suficiente para levar adiante, com sucesso, um processo de flexisseguridade, adaptado à situação brasileira?

> *Como o país não dispõe de grande margem de recursos para investir ainda mais em gastos sociais, o que resta a oferecer — em troca da maior flexibilidade e de mais segurança jurídica para os contratos de trabalho — é a melhoria da qualidade dos benefícios existentes, a complementação da Reforma Previdenciária e o aperfeiçoamento do sistema de seguro--desemprego e das políticas ativas de fortalecimento do mercado de trabalho.*

IDEIAS PARA UMA FLEXISSEGURIDADE À BRASILEIRA

Sabe-se que a flexisseguridade se assenta em três componentes básicas, que formam o assim chamado Triângulo de Ouro, consagrado a partir da exitosa experiência dinamarquesa: a) um mercado de trabalho de grande flexibilidade; b) um sistema de seguridade bem aparelhado para atender os trabalhadores, inclusive os desempregados; e c) um conjunto de políticas ativas para dinamizar o mercado de trabalho, criar oportunidades para os que neles devem ingressar e promover a recolocação dos que perderam seus empregos[16]. Mas, o que é essencial, na construção da flexisseguridade, é uma mudança de paradigma, no que diz respeito à responsabilidade pela segurança do trabalhador, qual seja a substituição do princípio de "segurança no emprego" pelo de "segurança no mercado de trabalho". Isto implica definir claramente os âmbitos da responsabilidade pela segurança do trabalhador, de forma que ela seja do empregador, enquanto vigente o contrato de trabalho, e da sociedade, quando se trate de ampará-lo na busca de trabalho.

> *A flexisseguridade envolve uma mudança de paradigma, no que diz respeito à responsabilidade pela segurança do trabalhador, qual seja a substituição do princípio de "segurança no emprego" pelo de "segurança no mercado de trabalho".*

Esse novo paradigma tem mostrado funcionar bem em sociedades desenvolvidas como as escandinavas e se encontra em experimentação promissora em vários países europeus, em que pesem as perturbações causadas pela crise mundial de 2008. Mas é fácil compreender a enorme dificuldade em introduzi-lo no ambiente brasileiro, alicerçado em uma arraigada cultura protecionista e na tendência de exigir das empresas a proteção ao trabalhador em níveis que o próprio Estado não consegue sustentar. Não obstante, é preciso insistir na busca desse objetivo, a partir da convicção de que ele está no cerne das mudanças estruturais indispensáveis ao desenvolvimento sustentável do Brasil. Neste afã, é que volto a oferecer minha modesta visão pessoal de como se poderiam encontrar as fórmulas que possam se mostrar convincentes o bastante para impor o novo paradigma.

Do que vimos acima, pode-se dizer que, embora sem o devido reconhecimento, já vamos adiantados em dois dos vértices do "triângulo de ouro": temos um amplo sistema de seguridade, que já avançou em níveis mais elevados da "escala de seguridade social" da OIT, e está em vigor um conjunto de políticas ativas de apoio ao mercado de trabalho. O desafio central, então, está em como vencer a barreira cultural e convencer as centrais sindicais e o mundo político — contaminado pelo populismo e a demagogia, portanto avesso a

---

(16) Abordei o tema, com mais detalhes, em trabalho já publicado (GODOY, 2010).

enfrentar mudanças com algum potencial de rejeição pela massa do eleitorado — da necessidade de desenvolver o vértice restante, rompendo as amarras que impedem o Brasil de dispor de um mercado de trabalho com toda a flexibilidade exigida pela economia globalizada.

Não pretendo, neste breve ensaio, propor mais que um esboço do caminho a seguir, na esperança de impulsionar uma ideia que já está em debate, no Brasil, propagada até por figuras de destaque da esquerda política[17], como os ex-ministros Bresser Pereira e Tarso Genro. Proponho, então, iniciar a busca do caminho pela determinação do "caminho crítico" do processo, ou seja, identificar e examinar os principais pontos de discórdia entre as organizações empresariais e as centrais sindicais, situados nos quatro já referidos aspectos da flexibilidade trabalhista, ao mesmo tempo acenando com um possível *trade off* em busca da flexisseguridade. É o que tento fazer nos Quadro III e IV (nos quais as posições dos parceiros sociais são referidas conforme a minha própria intuição).

Quadro III — Flexibilidade Interna das relações de trabalho no Brasil

Matéria	Situação atual	Posição dos empregadores	Posição das centrais sindicais	Possível *trade-off*[18] de flexisseguridade
Jornada	Jornada legal máxima de 44 horas semanais e oito horas diárias; redução possível por negociação coletiva.	Redução negociável por convenção ou acordo coletivo. Oposição à redução genérica.	Redução imediata para 40 horas, sem perdas no salário.	Cronograma negociado para uma redução gradativa, em função do aumento da produtividade e da compensação por redução dos encargos fiscais e trabalhistas.

---

(17) Como os ex-ministros Bresser Pereira e Tarso Genro.
(18) Emprego o termo *trade-off* como geralmente aplicado a uma situação que envolve a perda de uma qualidade ou valor de algo, em troca de outra qualidade ou valor, numa decisão tomada com completa compreensão dos seus aspectos positivo e negativo.

Jornada	Horas extras de trabalho permitidas, dentro de limites legais e com acréscimo de remuneração.	Manutenção da possibilidade da utilização das horas extras necessárias para atender às oscilações das demandas de produção.	Proibição radical das horas extras, o que forçaria a contratação de mais empregados.	Aumento negociado dos acréscimos na remuneração, eventualmente com progressividade, em função de volume e frequência das horas extras utilizadas.
	Banco de Horas legalizado.	Manutenção do mecanismo.	Contestação da legitimidade e críticas ao modo como vem sendo utilizado.	Aperfeiçoamento da regulação negociada de forma tripartite.
Mobilidade funcional: horários, turnos, carreira etc.	Gestão flexível, exceto quanto às quotas de empregos obrigatórias.	Eliminação das quotas obrigatórias, de qualquer tipo.	Incremento das atuais e criação de novas quotas.	Reforço dos programas de capacitação profissional, especialmente dos jovens e dos portadores de deficiência, para a eliminação das quotas atuais.
Proteção contra a despedida arbitrária ou sem justa causa	Despedida arbitrária sujeita a aviso-prévio e indenização, mediante multa em percentual do depósito do FGTS.	Forte oposição à ratificação da Convenção n. 158 da OIT.	Forte apoio à ratificação da Convenção n. 158 da OIT, em tramitação no Congresso Nacional.	Sem perspectivas.
		Manutenção do aviso-prévio e FGTS, e da multa em 40%. Liberação das partes para estabelecerem as condições do aviso-prévio.	Aviso-prévio além do mínimo de 30 dias, proporcional ao tempo de serviço.	Regulação negociada de forma tripartite.

Formas de remuneração	Formas de pagamento, remunerações indiretas e encargos sobre a folha de salários, impostos pela legislação.	Transformação de remunerações indiretas em diretas, mediante negociação coletiva, de forma gradativa, iniciando-se com o Simples Trabalhista. Livre contratação dos períodos de gozo de férias, da forma e da ocasião do pagamento respectivo.	Posição conservadora, receosa de mudanças que poderiam prejudicar os empregados.	Regulação negociada de forma tripartite.
		Redução dos encargos sobre a folha de salários, deslocando-se para outra base as contribuições sociais.	Apoio cauteloso, na expectativa de uma proposta governamental.	Regulação negociada de forma tripartite.
Salário mínimo	Situação satisfatória.	Manutenção da consulta aos Parceiros Sociais, conforme a Convenção n. 144 da OIT, ratificada pelo Brasil. Abandono da indexação.	Indexação às taxas de crescimento do PIB.	Regulação negociada de forma tripartite.

Quadro IV — Flexibilidade externa das relações de trabalho no Brasil

Matéria	Situação atual	Posição dos empregadores	Posição das centrais sindicais	Possível *trade-off* de flexisseguridade
Empregos flexíveis	Flexibilidade satisfatória: emprego a tempo parcial; emprego temporário; emprego eventual; emprego de capacitação; emprego sazonal.	Afastamento dos óbices colocados pela Justiça do Trabalho.	Forte resistência contra o que caracterizam como "empregos precários".	Regulação negociada de forma tripartite.
Terceirização	Falta de regulamentação legal. Admissão pela justiça limitada às atividades-meio.	Regulamentação para todo o tipo de atividade, respeitado o princípio da especialização e exigida, como regra geral, a responsabilidade subsidiária da contratante, e, como exceção, a solidária, quando descumpridas obrigações legais específicas.	Oposição radical, taxando a terceirização de forma de "precarização" das relações de trabalho.	Regulação negociada de forma tripartite.
Novas formas de contratação: autônomos (*free-lancers*) etc.	Falta de regulamentação legal[19].	Regulamentação, em consonância com a evolução tecnológica na prestação de serviços.	Forte resistência contra o que caracterizam como "empregos precários".	Regulação negociada de forma tripartite.

---

(19) Em que pese o relativo avanço consubstanciado na Lei n. 12.441, de 2011 — que alterou o Código Civil para instituir a Empresa Individual de Responsabilidade Limitada —, espera-se que não venha a cair sobre as contratações de EIRELIS a mesma suspeição que geralmente enfrentam os contratos de pessoas jurídicas prestadoras de consultoria especializada (alcunhadas de PJs).

Organização do trabalho	Flexibilidade satisfatória (no setor privado).	Representação dos empregados, por opção dos próprios e por eles eleita, em cada empresa, nos termos da lei (sem cogestão).	Campanha para a obrigatoriedade da representação sindical no local de trabalho.	Regulação negociada de forma tripartite.
Negociação coletiva	Convenções e acordos coletivos por categoria ou empresa.	Oposição generalizada ao contrato coletivo nacional.	Contrato coletivo nacional como "ponto de luta" do setor sindical.	Regulação negociada de forma tripartite, dos contratos coletivos nacionais, para alguns setores da economia.
	Convenções e acordos coletivos restritos às disposições de lei.	Prevalência dos acordos e convenções coletivas sobre as correspondentes disposições legais (*empowerment* e segurança jurídica).	Prevalência dos acordos e convenções coletivas sobre as correspondentes disposições legais (*empowerment* e segurança jurídica).	Proposta de mudança na legislação, negociada de forma tripartite, para a aprovação do Congresso Nacional.
Solução de conflitos	Alcance da substituição processual aguardando a publicação de acórdão do STF.	Limitação do alcance às questões que envolvam direitos e interesses coletivos.	Extensão do alcance a todas as questões, inclusive as que envolvam direitos individuais.	Regulação negociada de forma tripartite.
	Predomínio da solução judicial.	Remoção dos obstáculos a uma maior utilização da mediação e arbitragem.	Preferência majoritária pela via judicial.	Regulação negociada de forma tripartite.
		Prioridade das Comissões de Conciliação Prévia, com vedação da disputa judicial antecipada.	Preferência majoritária pela via judicial.	Regulação negociada de forma tripartite.

Evidentemente, ao apontar a negociação tripartite como método para encontrar possíveis soluções equilibradas para os principais pontos de discórdia entre as organizações empresariais e as centrais sindicais, não deixo de considerar que muitos dos consensos assim alcançados teriam que ser referendados por atos legislativos, inclusive podendo envolver emendas ou regulamentações de normas constitucionais. Assim, tentando ser mais objetivo no trato a ser dado às questões acima abordadas, passo a esboçar os dispositivos legais que teriam que ser trabalhados, com vistas a medidas destinadas tanto a ampliar a flexibilidade da gestão das relações de trabalho, quanto a reforçar a segurança do trabalhador no mercado de trabalho (Quadro VI).

QUADRO VI — DISPOSITIVOS LEGAIS ENVOLVIDOS E MEDIDAS INDICADAS PARA A AMPLIAÇÃO DA FLEXISSEGURIDADE, NO BRASIL

Dispositivos constitucionais envolvidos	Medidas em favor da flexibilidade de gestão das Relações de Trabalho	Medidas em favor da segurança do trabalhador no mercado de trabalho
CF, art. 7º	Inciso I — A) Confirmação, mediante lei complementar, do disposto no art. 10 do Ato de Disposições Transitórias da CF e legislação atinente, quanto à indenização por despedida arbitrária ou sem justa causa. B) Não ratificação da Convenção n. 158 da OIT.	Manterem-se intocados os direitos instituídos em todos os demais incisos: II, III, IV, V, VI, VII, VIII, IX, X, XI, XII, XIII*, XIV, XV, XVI*, XVII*, XVIII, XIX, XX*, XXI*, XXII, XXIII, XXIV, XXVI*, XXVII*, XXVIII, XXIX*, XXX, XXXI*, XXXII*, XXXIII*, XXIV. * Os direitos dos incisos assinalados com asterisco poderão ter as formas de sua realização como objeto de regulamentação.
	Inciso IX — Revogação do § 1º do art. 73 da CLT (hora noturna computada como de 52 minutos e trinta segundos).	Manter-se a possibilidade de aumentar o acréscimo na remuneração do trabalho noturno.
	Inciso XIII — Manter-se a jornada legal de 44 horas semanais.	Manter-se a possibilidade de redução da jornada, mediante acordo ou convenção coletiva, bem como a exigência destes para a compensação de horários.

CF, art. 7º	Inciso XVI — Não majoração do acréscimo no valor da hora extra e ratificação da legalidade da prática do "banco de horas".	Possibilidade de majoração, mediante acordo ou convenção coletiva, do acréscimo do valor da hora noturna.
	Inciso XVII — Validar a livre contratação dos períodos de gozo de férias, da forma e da ocasião do pagamento respectivo.	Exigência de negociação coletiva para a utilização dessa liberdade.
	Inciso XX — A) Vedar a criação de encargos legais que onerem o trabalho feminino, resultando em efeito contrário à proteção desejada. B) Revogar o art. 376 da CLT.	Incrementar os programas de capacitação para o trabalho.
	Inciso XXI — Liberar as partes para estabelecer as condições do aviso-prévio (revogação dos arts. 487 e 488 da CLT).	Possibilidade de negociação coletiva para a utilização dessa liberdade.
	Inciso XXVI — Prevalência dos acordos e convenções coletivas sobre as correspondentes disposições legais (*empowerment* e segurança jurídica).	
	Inciso XXVII — Melhorar o entorno institucional e a infraestrutura econômica e social para a atividade produtiva, reduzindo a indução das empresas para a automação, em defesa de sua competitividade.	
	Inciso XXIX — A) Reduzir os prazos prescricionais dos créditos resultantes das relações do trabalho (diminuição do passivo oculto). B) Reconhecimento da validade do recibo de quitação (segurança jurídica).	Responsabilizar os sindicatos pela devida assistência jurídica aos associados.
	Inciso XXXI — Eliminar as quotas compulsórias para contratação de pessoas portadoras de deficiência.	Incrementar os programas de capacitação para o trabalho e a atividade das agências de emprego especializadas.
	Inciso XXXII — Evitar interpretações que impeçam a meritocracia.	
	Inciso XXXIII — Evitar os exageros nas quotas compulsórias para contratação de aprendizes.	
	Inciso XXXIV — Regulamentar as novas formas de contratação do trabalho (autônomos, *free lancers*, teletrabalhadores) e a terceirização.	

CF, art. 8º	Inciso III — Limitar, às questões envolvendo os direitos e interesses coletivos, a legitimidade extraordinária dos sindicatos para defender em juízo os integrantes da categoria que representam (substituição processual).	Reestruturação da Organização Sindical, com base nos princípios da liberdade de associação e da representatividade comprovada; instituição do Conselho Nacional de Relações do Trabalho como proposto no FNT[20], com forte atuação no sentido de extirpar as entidades não representativas e identificar os "vazios sindicais" (categorias e/ou regiões desassistidas); sustentação financeira das entidades com base predominante em contribuições voluntárias[21].

CF, art. 114	Competência da Justiça do Trabalho — Adotar os consensos do Fórum Nacional do Trabalho:
	• Os meios de composição de conflitos coletivos serão públicos ou privados, contemplando a conciliação, a mediação e a arbitragem.
	• Os meios extrajudiciais serão sempre voluntários e eleitos de comum acordo entre as partes. Na esfera dos conflitos individuais, a composição extrajudicial será realizada com assistência sindical, conforme regulamentação específica, sem prejuízo do direito de acesso ao Judiciário.
	• Na esfera da negociação coletiva, os meios de solução dos conflitos de interesse, serão: A) nas greves, a conciliação, a mediação e a arbitragem; B) nos serviços e atividades essenciais, conforme regulamentação específica, que considere a sua natureza e o exercício do direito de greve.
	• À Justiça do Trabalho caberá:
	  • o julgamento dos conflitos coletivos de natureza jurídica e eventuais questões relacionadas[22];
	  • atuar como árbitro, de acordo com os princípios gerais da arbitragem e segundo regulamentação específica: A) mediante requerimento conjunto das partes, nos conflitos de interesse; B) compulsoriamente, nos conflitos de interesse decorrentes de instrumentos normativos, depois de esgotadas as etapas neles previstas para a sua composição.	

---

(20) Esclareço que não se trata do atual Conselho de Relações do Trabalho, criado pela Portaria n. 2.092, de 2 de setembro de 2010, do Ministro do Trabalho e Emprego.
(21) Considero essa modalidade de Reforma Sindical como uma etapa transitória, no rumo da adoção plena da liberdade sindical, tal como definida na Convenção n. 87 da OIT. Entendo, como o fizeram os demais participantes do FNT, que a imediata liberação da organização sindical poderia, nas condições atuais do País, resultar num quadro de proliferação caótica de entidades pouco representativas, o que viria a inviabilizar o primado da negociação e induzir a uma recaída na regulação estatal das RT.
(22) O fim do poder normativo da Justiça do Trabalho, em questões de natureza econômica.

CF, art. 114	• A composição de conflitos por instituição privada dependerá do registro prévio desta, no Ministério do Trabalho e Emprego, onde será depositada a composição efetuada, a qual não será passível de revisão, homologação ou exame pelos poderes públicos, salvo requerimento dos interessados, nas hipóteses previstas na legislação.
	Revigoramento do art. 625-D da CLT, que obriga o trabalhador a buscar previamente a conciliação, no caso de a demanda trabalhista ocorrer em local que conte com uma comissão de conciliação, seja na empresa ou no sindicato da categoria. Revogação, por lei, da decisão do STF, que entendeu que demandas trabalhistas podem ser submetidas à Justiça do Trabalho antes de analisadas por uma CCP.

Fonte: Godoy, 2010.

Enfim, concluo este modesto texto manifestando a convicção de que o Brasil precisa avançar na estratégia da flexisseguridade, etapa por etapa, como permitam as condicionantes culturais e políticas, na busca do equilíbrio entre as poucas — mas cruciais — flexibilizações dos empecilhos à gestão empresarial competitiva, de um lado, e das poucas — mas indispensáveis — novas coberturas de segurança à população trabalhadora, do outro. Trata-se de desafio incontornável, se quisermos ir em frente na construção do desenvolvimento sustentável, de que tanto se fala hoje, e da paz sonhada desde sempre, como o fez a OIT, na sua própria fundação, alertando que "... a paz para ser universal e duradoura deve assentar sobre a justiça social" (OIT, 1919). Entretanto, atrevo-me a ponderar que a justiça social não é uma dádiva divina, mas o prêmio a que fazem jus as sociedades que têm competência para produzir riqueza e sabedoria para distribuí-la com equidade.

> *A justiça social não é uma dádiva divina, mas o prêmio a que fazem jus as sociedades que têm competência para produzir riqueza e sabedoria para distribuí-la com equidade.*

REFERÊNCIAS BIBLIOGRÁFICAS

ALENCAR, José Maria Quadros de. As mudanças no mundo e no direito do trabalho. *Revista do Tribunal do Trabalho da 8ª Região*, Belém, v. 34, n. 67, p. 69-76, jul./dez. 2001.

AMARO, Meiriane Nunes. *Terceira reforma da previdência: até quando esperar?* Brasília: Senado Federal, 2011.

EUROPEAN COMISSION. *Commission Communication on flexicurity (MEMO/07/256)*. Bruxelas: EC, 2007.

GODOY, Dagoberto Lima. *Flexisseguridade no Brasil. Flexibilidade para a empresa. Segurança para o trabalhador.* São Paulo: LTr, 2010.

IPEA. *Comunicado n. 98* — 15 anos de gasto social federal. Notas sobre o período de 1995 a 2009. Brasília: IPEA, 2011.

MONTEIRO NETO, Armando. A hora do simples trabalhista. *Correio Brasiliense*, Brasília, 24 jul. 2007.

ORGANIZAÇÃO INTERNACIONAL DO TRABALHO — OIT. *Constituição da Organização Internacional do Trabalho.* Disonível em: http://www.oit.org.br/sites/default/files/topic/decent_work/doc/constituicao_oit_538.pdf_>.

_____ . *Un piso de protección social para una globalización equitativa:* coherencia de las políticas y coordinación internacional. Genebra: GB.310/WP/SDG/1, 2011.

PASTORE, José. *Encargos sociais. Implicações para o salário, emprego e competitividade.* São Paulo: LTr, 1997.

_____ . *A agonia do emprego.* São Paulo: LTr, 1997.

_____ . *O peso dos encargos sociais no Brasil.* São Paulo: CIEE, 1998.

_____ . A prevalência do negociado sobre o legislado — I. *O Estado de S. Paulo*, em 26 set. 2000.

_____ . A prevalência do negociado sobre o legislado — II. *O Estado de S. Paulo*, em 10 out. 2000.

_____ . Simples trabalhista. Publicado no *Jornal da Tarde*, em 2 abr. 2003.

_____ . Reforma Trabalhista: O que pode ser feito? *Cadernos de Economia da Fecomercio,* São Paulo, em nov. 2006.

_____ . Terceirização sem mitos. Publicado em *O Estado de S. Paulo*, em 11.11.2008.

PASTORE, José; ROBORTELLA, Luiz Carlos Amorim. Insegurança jurídica na área trabalhista. Publicado em *O Estado de Estado de S. Paulo*, em 29 set. 2009.

SOUZA FILHO, Roberto Murillo de. A flexibilização da legislação do trabalho no Brasil. *Revista Espaço Acadêmico,* Maringá, n. 36, maio 2004.

VIELLE, Pascale; WALTHERY, Pierre. *Flexibility and social security. Reconciling flexible employment patterns over the active life cycle with security for individuals.* Luxembourg: Office for Official Publications of the European Communities, 2003.

ZYLBERSTAJN, H. *et al.* Globalização e regulação do mercado de trabalho no Brasil. *Estudos — Documentos — Debates,* São Paulo: FIESP/CIESP, 2000.

COLABORAÇÃO, COORDENAÇÃO E CONTINUIDADE

CÁSSIO MESQUITA BARROS[*]

HOMENAGEM MERECIDA

Constitui uma honra e uma satisfação participar desta merecidíssima homenagem ao eminente Professor Titular de Sociologia da nossa querida USP, doutor *honoris causa* pela Universidade de Wisconsin, nos Estados Unidos da América do Norte, escola onde alcançou também o grau Ph. D. em Sociologia. Além de professor visitante de inúmeras instituições estrangeiras e nacionais, foi Membro do Conselho de Administração da OIT (1990-1991).

Escreveu centenas de trabalhos editados no Brasil e no exterior. É frequente encontrarmos comentários e entrevistas do nobre professor nos grandes jornais, principalmente de São Paulo, ou, então, uma opinião sua, sempre de grande oportunidade e lucidez. O interessante é que tornou-se com o tempo um trabalhista emérito, incursionando pelos vários ramos do Direito do Trabalho, de forma destacada por via do custo social do trabalho, sem dúvida, um dos mais elevados do mundo. Discorre com extraordinária clareza e precisão sobre a modernização das leis trabalhistas, na linha de jurista autodidata e emérito, mostrando-se conhecedor profundo da realidade trabalhista. Seus trabalhos não são apenas acadêmicos, mas institucionais, porque apresentam a configuração prática e as possibilidades futuras.

(*) Advogado. Professor Titular aposentado de Direito do Trabalho da USP. Membro da Comissão de Expertos de 1990 a 2007 da OIT/Genebra. Presidente da Fundação Arcadas, órgão de apoio à Faculdade de Direito da USP.

Assim é, hoje, um eminente consultor trabalhista, procurado pelas empresas e entidades interessadas em conhecer o seu pensamento. Trata-se de figura já indispensável ao Direito do Trabalho, com obras produzidas para ficarem para sempre. Nada mais justo que seja homenageado, notadamente pelos trabalhistas, desde os mais novos até os mais antigos, como é o nosso caso.

I — INTRODUÇÃO

Na reconstrução doutrinária da Teoria da Subordinação, se assiste ao rompimento da concepção binária da subordinação *versus* autonomia, aparecendo uma concepção que pode ser chamada de tricotômica, qual seja: autonomia, parassubordinação e subordinação.

No contexto dessa última concepção, surgem mudanças de linguagem. A nova linguagem consigna em lugar do modelo clássico de subordinação um trabalhador multifacetado que desempenha várias funções e as mais diversas tarefas, dá ideias, emite opiniões, participa mais com menor sujeição ao empregador, prestando a sua colaboração, ao mesmo tempo, à coordenação e à continuidade do trabalho.

Essa nova linguagem, na verdade, esconde, em outras palavras, a quem o direito do trabalho deve proteger que foi o tema central da Conferência Internacional do Trabalho da OIT, de junho de 2003. Na verdade falar-se em colaboração, coordenação e continuidade na linha do conceito de parassubordinação, ou seja, de uma subordinação atenuada, parece um tema trivial. Mas como se verá a seguir envolve dificuldades sem conta.

Assim porque — é interessante observar — que o direito do trabalho tem praticamente um século de evolução, mas ainda hoje são muitas as dificuldades para saber quem está dentro ou quem está fora do direito do trabalho. A linguagem da colaboração, coordenação e continuidade envolve o antigo desafio nesse sentido: qual seja o âmbito de aplicação do direito do trabalho.

As normas da OIT, não ajudam, pois dizem simplesmente para aplicarem a "trabalhadores e empregadores", mas nenhuma delas diz quem é o trabalhador nem quem é o empregador.

Essa omissão não é só da OIT, mas também das diretrizes do Direito Comunitário Europeu que, como todos sabem, é uma extraordinária criação de um sistema jurídico supranacional, um marco que estabelece o conteúdo obrigatório para os Estados-membros. No art. 1º, dessas diretrizes, estão assim enunciadas: "empregador e trabalhador serão aquelas pessoas definidas como empregadores ou como trabalhadores, em cada direito nacional".

II — DESAFIOS DO DIREITO DO TRABALHO

Seguindo Arturo Bronstein, quando apresentou sua exposição no Fórum Internacional realizado em abril de 2003, pelo Tribunal Superior do Trabalho sobre a *Flexibilização do Direito do Trabalho* (p. 51 a 65, dos anais editados pela Universidade do Rio de Janeiro), incluiu o tema entre os <u>desafios</u> do Direito do Trabalho que surgiram, essencialmente, a partir das primeiras décadas do século XX.

III — PROGRESSO TERRITORIAL E PESSOAL DO DIREITO DO TRABALHO

Assim, porque, naquela altura o direito do trabalho passou a registrar um progresso "geológico", pois a cada reforma ampliava o campo territorial de sua aplicação e de novos direitos coletivos. Ao mesmo tempo, se passou a criar novos direitos sociais por cima de uma base de direitos existentes que todos acreditavam ser um segmento estável que não sofreria nenhuma mudança ou em outros termos um <u>direito adquirido</u>. Assim aconteceu até os anos 1970. Basta lembrar que a CLT até então não se aplicava aos trabalhadores rurais. Logo, nesse período, o progresso do direito do trabalho foi não só <u>territorial</u> como <u>pessoal</u>.

Contudo, a partir dos anos 1970, começa o questionamento do direito do trabalho no que se chamou o grande debate sobre a <u>flexibilização</u>, manifestado principalmente na Europa em 1975. Aqui o mundo começa a sofrer mudanças que afetam a estabilidade social, mas não só mudanças desse porte, mas mudanças da ordem tecnológica.

O questionamento levou a reformas que começando pela revisão da legislação, às vezes, não acrescentavam mais novos direitos aos já existentes. Se iniciava, na verdade, um retrocesso em relação aos direitos existentes.

IV — A PRIMEIRA LEI SOBRE A FLEXIBILIZAÇÃO DO DIREITO DO TRABALHO

Em 1966, o Brasil foi o precursor da criação do Fundo de Garantia do Tempo de Serviço — FGTS, sem dúvida, a primeira lei da América Latina e, provavelmente, a primeira lei de flexibilização do mundo. É certo que essa legislação de flexibilização contém elementos bastante positivos que devem ser considerados em toda a sua dimensão.

Como é sabido, essa lei substitui a <u>estabilidade</u> adquirida pelo empregado após 10 (dez) anos de serviço. A lei criou um Fundo, produto do depósito mensal feito pelo empregador e que, corrigido e com juros pode ser levantado pelo empregado ao ser despedido sem justa causa ou, então, ao se aposentar.

V — Início dos questionamentos dos direitos adquiridos

O desafio de que se fala é o da flexibilização, ou melhor, a adaptação da norma jurídica que leva em conta certas realidades econômicas, sociais e até políticas.

O que era concedido antes em blocos começou a diminuir, gerando o risco da precariedade. Nesse passo temos um problema muito grande: o sistema de formação sem financiamento e de seguro social também, porque não é pago para aqueles que não são empregados. Os relatórios em Genebra mostram casos em que o público foi vítima de acidente causado por pessoa não empregado da pessoa em benefício da qual trabalha. Antes o trabalhador entrava no emprego sob a convicção de que nele poderia ficar por toda a vida. Hoje temos diferentes tipos de contratos, a tal ponto que nem sabemos mais qual é o contrato de trabalho padrão que configura a relação de trabalho, mas não podemos nos proteger por meio do protecionismo. Uma das consequências da globalização é que as empresas nacionais estão abertas a uma concorrência interna e internacional que as obriga a uma política de sobrevivência, muitas vezes darwiniana, pois, do contrário, correm o risco de serem devoradas pela concorrência.

A informalidade em número crescente faz com que os trabalhadores vivam e ganhem o seu sustento dentro da chamada economia informal à qual o direito do trabalho não chega.

Constitui um problema tentar identificar as normas trabalhistas fundamentais que devessem proteger esses trabalhadores informais. Existe uma área cinzenta entre o trabalho dependente e o autônomo. Falamos de parassubordinação ou de "quase empregados". Trabalhadores aos quais não é reconhecida a condição jurídica de assalariados, mas sim certos direitos. No Código de Trabalho francês, como acontece com os taxistas e agentes da imprensa.

Os ingleses, sobre a lei do salário mínimo, primeiro a revogaram depois a restabeleceram para fixar como retribuição mínima de certas categorias de trabalhadores que são os prestadores de serviços não subordinados. Na Alemanha, a atuação é semelhante, de trabalhadores quase empregados. A parassubordinação italiana tem uma diretriz para os agentes comerciais não dependentes, aos quais se reconhece um direito ao salário mínimo e aviso-prévio.

As novas formas de prestação dos serviços incluem a prestação de serviço ou de trabalho em benefício de terceiros, mediante um contrato de natureza civil e não apenas um contrato de trabalho.

Como adverte o técnico da OIT lembrado, o desafio dos contratos é pior no questionamento ideológico, a saber: o direito do trabalho representa uma realidade do século XX, mas estamos no século XXI. Essa realidade foi superada e devemos buscar outra coisa?

VI — MUDANÇAS DE LINGUAGEM

A ciência do direito usa uma linguagem técnica que há de ser um conceito especializado para exprimir o processo mental percorrido, evitando as explicações extensas e imprecisões de linguagem.

A busca do direito do século XXI se utiliza de uma nova linguagem. Não se fala mais em flexibilidade do direito do trabalho, cada dia mais se fala em regulamentação do mercado de trabalho.

Os italianos falam em proteger os parassubordinados. Uma diretriz da Comunidade Europeia confere direitos tipicamente trabalhistas a representantes comerciais, ou seja, a trabalhadores normalmente independentes. À margem desses exemplos, em relação ao conjunto dos direitos trabalhistas são poucas as manifestações da legislação trabalhista que não vão além do empregado.

O número crescente de formas de trabalho independente estaria fora da legislação do trabalho.

Todos nós sabemos que isso faz parte do cotidiano dos Tribunais de Trabalho onde se discute, com grande frequência, a natureza da relação trabalhista ou a relação de dependência que existe para se tentar determinar qual o critério para a configuração da relação de trabalho. Este será o certificado se estamos frente a uma relação de trabalho, realmente não subordinado, não abrangido pela legislação trabalhista.

Nessa equação se encontra, na verdade, toda a filosofia do direito do trabalho: **a quem se aplica o direito do trabalho?**

VII — COLABORAÇÃO, COORDENAÇÃO E CONTINUIDADE DO TRABALHO

Assim chegamos, aparentemente, ao modesto tema escolhido. A nova linguagem consigna em lugar do modelo clássico de subordinação, em que o serviço ordenado pelo empregador é substituído por um trabalhador multifacetado que possui variadas funções e as mais diversas tarefas, dá ideias, emite opiniões, participa de um processo economicamente flexível, num papel que passa a ser de menor sujeição e maior **colaboração** para que a empresa possa alcançar melhor e mais rapidamente os seus objetivos.

O trabalho parassubordinado ou **coordenado** nasceu do novo sistema de produção com empresas e trabalhadores mais independentes que prestam sua **colaboração**, mas sem o poder diretivo característico do trabalho subordinado, com menos despesas e encargos trabalhistas, permitidas interrupções periódicas na **continuidade** da relação de trabalho.

O nosso modesto tema é, no fundo, o retrato do que acontece no mundo atual, e de como se comporta hoje em dia, a prestação dos serviços ou a melhor forma do trabalho executado.

A **colaboração**, a **coordenação** e a **continuidade**, são parte da nova linguagem que o direito do século XXI utiliza. As diferenças de linguagem não são meramente semânticas, pois ideologicamente dentro da ideia de que o trabalho não é uma mercadoria, eis que se tem em vista um novo tipo de trabalhador.

VIII — Desenfoque da relação de trabalho

Em suma, há situações jurídicas que se incluem, claramente, na patologia do mercado de trabalho. Mas há casos que refletem realidades de um mundo que mudou e no qual não há mais tanta necessidade de fraude, mas sim de orientação já que esse fenômeno foi chamado também de desenfoque na relação de trabalho.

Situações há de verdadeiros trabalhadores autônomos que são independentes. Outras situações mostram arranjos triangulares. Dentro da tipologia geral, na qual temos de delimitar o âmbito da relação de trabalho para tentar saber o que está e o que não está dentro do direito do trabalho, encontramos casos que estão em áreas cinzentas. Nesse mundo o intérprete atua à deriva.

Não é por outra razão que os relatórios da OIT dispõem que cada país deve estabelecer seus próprios critérios, já que todos têm o mesmo problema e dentro dele devem considerar as peculiaridades locais e nacionais. Frente a essas peculiaridades, realmente, a norma internacional, de fato, seria um exercício estéril ou mesmo de ciência de ficção.

Nessa histeria vamos encontrar muitos outros desacertos e formas de trabalho, tais como o realizado pelas cooperativas de trabalho e outras tantas que causam perplexidade, e conduzem à consciência de que o tema é tão antigo quanto a própria OIT concebida em 1919.

IX — Políticas de proteção tendo presente a realidade de cada emprego

No âmbito internacional, se reconhece que a OIT deve adotar normas que, ultimamente, foram levadas às mãos do Conselho de Administração, na convicção de que o tema para as novas normas, convênios e recomendações deveria advertir que haver-se-á de considerar a realidade dos empregos, em cada país.

Vale acrescentar que já foram feitos 39 (trinta e nove) estudos nacionais, uma reunião tripartite de peritos, às vezes atolada em problemas do tipo terminológico, mas na esteira de que o trabalhador precisa ter proteção, levando em consideração a realidade de cada emprego, seja ela qual for.

Conclusão

A lição que se pode extrair do exposto é a de que a reforma do direito individual e do direito coletivo de trabalho, deverá abranger todas as modalidades de contrato de trabalho, inclusive as mais peculiares.

O SISTEMA NACIONAL DE CAPACITAÇÃO JUDICIAL⁽*⁾

IVES GANDRA MARTINS FILHO⁽**⁾

I) INTRODUÇÃO

No presente estudo, escrito para associar-nos às justas homenagens ao ilustre e dileto Prof. José Pastore, procuraremos, aproveitando a experiência como membro do Conselho Nacional de Justiça (2009-2011) e 1º Diretor da Escola Nacional de Formação e Aperfeiçoamento de Magistrados do Trabalho (2006-2007), mostrar como a **harmonização das relações sociais** e especialmente as trabalhistas passa pela melhor qualificação do Poder Judiciário, por meio de uma contínua, aprofundada e abrangente capacitação judicial.

Com efeito, a bandeira do Tribunal Superior do Trabalho ostenta o dístico tirado da Escritura que define a **causa final da Justiça**: *Opus Iustitiae Pax* (Isaías 32,17). Ou seja, a finalidade da Justiça é promover a **paz social**, mediante a **composição de conflitos** e a **harmonização das relações sociais**.

Às vezes nos esquecemos desse objetivo fundamental e ficamos a traçar **metas quantitativas de produtividade** para a Justiça, batendo recordes de julgamentos e decisões, sem nos perguntarmos se essas decisões estão, afinal, sendo **satisfatórias**, ou seja, compondo os conflitos sociais, de modo a que as próprias partes em litígio, especialmente a perdedora, conclua que o direito não lhe assistia e não deseje recorrer.

(*) O presente artigo contou com a colaboração da Dra. Júlia do Couto Perez, Assessora de Ministro do TST e que labora nos processos de comissões em minha assessoria no CNJ.
(**) Ministro do Tribunal Superior do Trabalho.

O **Conselho Nacional de Justiça**, nos **Encontros Nacionais do Judiciário**, reunindo presidentes e corregedores dos tribunais brasileiros, tem traçado as **Metas** para o Poder Judiciário, entre as quais se tem destacado a **Meta 2**, de **produtividade**, julgando todos os **processos antigos**, de modo a conseguir maior **celeridade** na prestação jurisdicional.

O problema é que a **rapidez** pode **comprometer a qualidade** das decisões, conforme se percebeu nos anos de 2009 e 2010, quando se louvou o Poder Judiciário e muitos de seus Tribunais, pelos recordes de produtividade, ao mesmo tempo em que se criticavam muitos dos expedientes adotados para se chegar ao cumprimento dessas metas, **precarizando-se a prestação jurisdicional**.

Investir na **qualidade da Justiça** é investir no **magistrado** que presta jurisdição, tornando-o **mais bem capacitado** para o desempenho de sua missão institucional de pacificar a sociedade, distribuindo justiça.

Seguindo nessa linha é que foi aprovada, no dia **22 de fevereiro de 2011**, a **Resolução n. 126 do CNJ**, instituindo o **Plano Nacional de Capacitação Judicial** e o **Sistema Nacional de Capacitação Judicial**, de integração de todas as Escolas Judiciais brasileiras num todo orgânico, coordenado pelo CNJ. E para implementar e aperfeiçoar essa resolução, foi realizado em Florianópolis, no Tribunal de Justiça de Santa Catarina, no dia **15 de abril de 2011**, o **Encontro Nacional do Judiciário sobre Capacitação Judicial**, reunindo os presidentes dos tribunais brasileiros e os diretores das escolas judiciais pátrias.

O presente artigo tem por escopo trazer a lume a **gestação da Resolução n. 126 do CNJ** e **comentar os resultados do Encontro sobre Capacitação Judicial**, que nortearão o aperfeiçoamento e a implementação do Plano e do Sistema Nacionais de Capacitação Judicial.

II) A Resolução N. 126 do CNJ

O **Conselho Nacional de Justiça**, no desenho que lhe deu o Constituinte Derivado de 2004 (Emenda Constitucional n. 45), possui **dupla missão** (CF, art. 103-B, § 4º):

- a **coordenação administrativa** e financeira do Poder Judiciário;
- o **controle disciplinar** dos magistrados.

A atividade disciplinar é exercida especialmente pela **Corregedoria Nacional de Justiça** e a coordenação administrativa por meio da atuação das **comissões temáticas permanentes**, que desenvolvem as atividades para as quais foram instituídas (RICNJ, art. 28).

À **Comissão de Eficiência Operacional e Gestão de Pessoas**, instituída pela Portaria n. 604, de 7 de agosto de 2009, foi atribuída, dentre outras, a tarefa de **desenvolver projetos e adotar medidas** voltadas à **capacitação de magistrados e servidores**, como meio fundamental para se chegar a uma prestação jurisdicional célere e eficiente.

Nesse diapasão é que a referida comissão colocou como um de seus projetos prioritários o do desenvolvimento de um **Plano Nacional de Capacitação Judicial**, que **integre** as **várias escolas judiciais brasileiras**, especialmente as de âmbito nacional (CF, arts. 105, parágrafo único, I, e 111-A, § 2º, I), contribuindo para a otimização de recursos, a maximização de experiências e a ampliação de ações formativas em todos os âmbitos.

Sob os **primas jurídico e fático** essa **integração**, com a **coordenação do CNJ**, é **possível** e **necessária**:

a) cabe ao CNJ a coordenação do Poder Judiciário como um todo, **incluindo os Tribunais Superiores**, pois o CNJ, sob o prisma administrativo, só se subordina ao Supremo Tribunal Federal, como seu próprio nome o indica;

b) as duas **Escolas Nacionais** de formação de magistrados, a ENFAM e a ENAMAT, estão **subordinadas a dois Tribunais Superiores**, quais sejam, o STJ e o TST;

c) cada uma das duas Escolas Nacionais **coordena separadamente** sistemas de formação judicial que **não abrangem todos os ramos** do Judiciário (ficam fora a Justiça Eleitoral e a Militar) e que **não têm se falado entre si**, mas que poderiam aproveitar as experiências, tecnologias e recursos humanos e materiais, otimizando e racionalizando a atuação do Poder Judiciário nesse campo;

d) apenas uma **instância coordenadora que abrangesse todos os ramos do Judiciário** poderia propiciar essa racionalização e otimização de recursos, dando maior eficiência à capacitação tanto de magistrados como de servidores da Justiça;

e) ademais, tendo em vista que o **melhor controle disciplinar** é o **preventivo**, justifica-se o investimento sério, continuado e coordenado na **capacitação judicial**, incluindo não só **diretrizes administrativas e financeiras**, mas um mínimo de **diretrizes pedagógicas**, voltadas a incutir nos novos juízes os **princípios e virtudes judiciais** que forjarão **magistrados eticamente justos, tecnicamente competentes e administrativamente eficientes e céleres.**

Esse **Plano Nacional de Capacitação Judicial**, tal como concebido, discutido e aprovado pelo Plenário do CNJ em 22 de fevereiro de 2011, estabelece **diretrizes mínimas** para integração de todas as Escolas Judiciais brasileiras num **Sistema**, naquilo que é comum a todas elas, **respeitadas as especificidades** de cada ramo do Poder Judiciário pátrio. Ademais, abrange não apenas **magistrados**, mas também **servidores**, muitas vezes não contemplados com **planos e ações formativas específicas, orgânicas e permanentes**.

Convidadas em 11 de outubro de 2010 a participar dos estudos para a elaboração desse Plano, ENFAM e ENAMAT enviaram para as **reuniões conjuntas** (realizadas em 28.10 e 30.11.2010) suas **assessorias técnicas**, também tendo sido convidados e se feito presentes por suas assessorias o TSE e o STM. Merecem destaque os Drs. Francisco Paulo Soares Lopes e Cinthia Barcelos Leitão Fisher Dias, da ENFAM, André Luiz Cordeiro Cavalcanti, da ENAMAT, Juliana Deléo Rodrigues Diniz, da EJE/TSE, Stela Maris Akegawa Pierre do STM e Janaína Penalva, do CJF/CEJ, além dos representantes dos Tribunais para a discussão da formação de servidores: Drs. Wilmar Barros de Castro e Mônica de Jesus Simões, do STJ, Alessandra Silveira e Zélia Maria de Melo Silva, do TST. Colaboraram também no estudo e elaboração da proposta originária as assessorias técnicas do próprio CNJ: Drs. Adilson Medeiros da Silva, do Departamento de Gestão Estratégica, Selma Vera Cruz Mazzaro, da Coordenadoria de Gestão de Pessoas, e **Diogo Albuquerque Ferreira**, da Coordenadoria de Cursos a Distância.

As resoluções, estatutos e **experiências da ENFAM e ENAMAT**, trazidas pelas assessorias técnicas, abrangendo a Justiça Estadual, Federal e do Trabalho, **nortearam a confecção do Plano**, e serviram de ponto de partida para a **integração** também da **Justiça Eleitoral** e da **Justiça Militar** no **Sistema**. A construção desse plano demandou estudos que identificassem **pontos comuns e dificuldades específicas**, formando consensos em torno de **ações concretas** a serem desenvolvidas.

No final de 2010 e começo de 2011, quando a matéria passou a ser discutida pelo Conselho, com base na **minuta oferecida pela Comissão de Eficiência Operacional e Gestão de Pessoas**, por mim presidida e integrada pelos Conselheiros José Adônis Callou de Araújo Sá e Jefferson Kravchychyn, recebeu várias sugestões de acréscimos e aperfeiçoamentos, especialmente dos Conselheiros Walter Nunes, Morgana Richa, Felipe Locke e Jorge Hélio Chaves de Oliveira.

Algumas das **diretrizes** concretas **estudadas e debatidas** na elaboração desse plano, aproveitando a experiência dos vários ramos do Judiciário Nacional, foram:

- possibilidade de organização dos **concursos de ingresso na carreira da magistratura federal** em âmbito nacional, conduzidos pelas duas **Escolas Nacionais de Magistratura** (EMFAM e ENAMAT), tal como almejado no próprio Estatuto da ENAMAT e já vivenciado pelo Ministério Público do Trabalho;

- possibilidade de adoção do **curso de formação inicial** de magistrados como última etapa do concurso de ingresso na magistratura, verificando a aptidão e a vocação do candidato à magistratura, à semelhança do que já ocorre no âmbito de alguns Tribunais de Justiça;

- possibilidade da adoção de **módulo nacional de formação inicial** para os **juízes federais**, organizado pela **EMFAM**, à semelhança do que já ocorre no âmbito da Justiça do Trabalho com a ENAMAT;

- fixação de um **currículo mínimo comum** de matérias a serem ministradas nos cursos de formação de magistrados e servidores, com aproveitamento de experiências e professores;

- fixação de **tabelas remuneratórias de professores**, tanto para realização de **cursos** como para participação em bancas de **concursos**, conforme já postulado pelo Conselho da Justiça Federal;

- estabelecimento de **critérios de participação em ações formativas** por parte de magistrados e servidores, visando à generalização da participação em periodicidade satisfatória;

- estabelecimento de **meios e critérios de avaliação** de aproveitamento em cursos.

Essas diretrizes básicas foram **acolhidas** pelo Conselho, muitas delas como **opções** a serem adotadas pelas diversas Escolas Judiciais e Tribunais, como é o caso dos modelos de concurso para a magistratura, formação inicial de juízes e capacitação geral de servidores.

Essa, pois, foi a **gênese** da **Resolução n. 126 do CNJ** sobre **Capacitação Judicial**, cuja texto segue abaixo:

RESOLUÇÃO N. 126, DE 22 FEVEREIRO DE 2011

Dispõe sobre o Plano Nacional de Capacitação Judicial de magistrados e servidores do Poder Judiciário

O PRESIDENTE DO CONSELHO NACIONAL DE JUSTIÇA, no uso de suas atribuições constitucionais e regimentais;

CONSIDERANDO competir ao Conselho Nacional de Justiça, como órgão de controle da atuação administrativa e financeira dos tribunais (art. 103-B, § 4º, da Constituição da República), a atribuição de coordenar o planejamento e a gestão estratégica do Poder Judiciário,

CONSIDERANDO a necessidade de implementação de diretrizes nacionais para nortear as Escolas Judiciárias na capacitação e aperfeiçoamento técnico de magistrados e servidores da Justiça,

CONSIDERANDO o disposto nos arts. 105, parágrafo único, I, e 111-A, § 2º, I, da Constituição Federal, que instituiu as Escolas Nacionais de Magistratura (ENFAM e ENAMAT),

CONSIDERANDO o disposto na Resolução n. 111 de 2010, que instituiu o Centro de Formação e Aperfeiçoamento de Servidores do Poder Judiciário (CEAJud),

CONSIDERANDO as sugestões recebidas de Escolas de Magistratura e Tribunais pátrios,

CONSIDERANDO o deliberado pelo Plenário do Conselho Nacional de Justiça na 120a Sessão, realizada em 15 de fevereiro de 2011,

RESOLVE:

Capítulo I — O Plano Nacional de Capacitação Judicial

Art. 1º Criar o Plano Nacional de Capacitação Judicial (PNCJ), que constitui o conjunto de diretrizes norteadoras das ações promovidas pelas Escolas Judiciais brasileiras na formação e aperfeiçoamento de magistrados e servidores do Poder Judiciário, integrando-as num sistema harmônico e conjugando os esforços de cada uma, na busca do ideal comum de excelência técnica e ética da Magistratura Nacional e dos servidores da Justiça.

Parágrafo único. O PNCJ inclui apenas os aspectos comuns aos distintos ramos do Poder Judiciário, cabendo a cada Escola Judicial desenvolver seus programas específicos, observando as diretrizes gerais emanadas do Plano e incrementando-as de acordo com suas características e necessidades próprias.

Art. 2º Compõem o Sistema Nacional de Capacitação Judicial (SNCJ), coordenado pelo Conselho Nacional de Justiça:

I — a Escola Nacional de Formação e Aperfeiçoamento de Magistrados (ENFAM), a qual coordena as Escolas Judiciais dos Tribunais de Justiça e dos Tribunais Regionais Federais e funciona junto ao Superior Tribunal de Justiça;

II — a Escola Nacional de Formação e Aperfeiçoamento de Magistrados do Trabalho (ENAMAT), que coordena as Escolas Judiciais dos Tribunais Regionais do Trabalho e funciona junto ao Tribunal Superior do Trabalho;

III — a Escola Judicial Eleitoral (EJE), a qual coordena as Escolas Judiciais dos Tribunais Regionais Eleitorais e funciona junto ao Tribunal Superior Eleitoral;

IV — o Centro de Estudos Jurídicos da Justiça Militar (CEJM), que funciona junto ao Superior Tribunal Militar;

V — o Centro de Estudos Judiciários (CEJ), o qual funciona junto à Justiça Federal;

VI — o Centro de Formação e Aperfeiçoamento de Servidores do Poder Judiciário (CEAJud), instituído pela Resolução CNJ n. 111/2010.

Parágrafo único. As Escolas Judiciais Nacionais, Regionais, Federais e Estaduais terão departamento próprio para a coordenação, planejamento e desenvolvimento das ações formativas dos servidores dos respectivos Tribunais e jurisdições.

Capítulo II — Diretrizes Estruturais

Art. 3º A Capacitação Judicial será desenvolvida nas seguintes modalidades:

I — formação inicial;

II — formação continuada;

III — formação de formadores (multiplicadores).

§ 1º A formação inicial envolve:

I — o curso de seleção de magistrados e servidores, como etapa final do concurso para provimento de cargos, com duração mínima de um mês e avaliação final obrigatória;

II — os cursos de aperfeiçoamento ministrados aos magistrados em fase de vitaliciamento e aos servidores em estágio probatório, também com avaliação.

§ 2º Os Tribunais que optarem pela não inclusão do curso de seleção como etapa final do concurso terão o conteúdo programático desse curso ministrado nas mesmas condições, como primeira etapa da formação inicial do magistrado empossado.

§ 3º A formação continuada abarca todos os cursos de aperfeiçoamento e atualização feitos, ao longo da carreira, pelos magistrados vitaliciados e pelos servidores em geral.

§ 4º A formação de formadores terá por finalidade a preparação de professores especializados tanto na formação e aperfeiçoamento de magistrados quanto de servidores.

§ 5º O bom desempenho e avaliação do magistrado nos cursos de formação inicial e continuada será fator a ser mensurado na promoção por merecimento, nos termos da Resolução n. 106 do CNJ.

Art. 4º Os cursos de seleção da primeira etapa da formação inicial de Magistrados serão organizados:

I — Pelas Escolas Nacionais de Magistratura (ENFAM, ENAMAT, EJE e CEJM), para os magistrados federais;

II — Pelas Escolas Judiciais dos Tribunais de Justiça, para os magistrados estaduais.

Parágrafo único. As Escolas enviarão o resultado final da avaliação aos Tribunais respectivos, aos quais competirá homologá-lo ou não, fundamentadamente.

Capítulo III — Diretrizes Pedagógicas

Seção I — A Formação dos Magistrados

Art. 5º O núcleo básico mínimo das matérias a serem ministradas na formação inicial dos Magistrados é integrado pelas seguintes disciplinas:

I — Deontologia Jurídica — calcada nos Códigos de Ética da Magistratura Nacional (2008) e Ibero-Americano de Ética Judicial (2006); apresentando as virtudes judiciais (qualidades básicas do magistrado) e o perfil ético do magistrado;

II — Lógica Jurídica — voltada à estruturação racional das decisões judiciais, mediante o estudo das diferentes formas de argumentação, métodos de interpretação e organização de sentenças, votos e despachos;

III — Linguagem Jurídica — focada na redação das decisões judiciais, buscando a simplicidade, clareza e objetividade, com vistas a tornar mais acessíveis aos jurisdicionados os atos do Poder Judiciário;

IV — Sistema Judiciário — voltado a desenvolver a Teoria do Poder Judiciário em seu contexto histórico, político, social e cultural e a apresentar, na prática, a Organização Judiciária Nacional e a maneira como o magistrado nela se insere e dela participa, incluindo a análise dos impactos econômicos e sociais de suas decisões;

V — Administração Judiciária — desenvolvida como instrumento para o magistrado no gerenciamento de recursos humanos, materiais e tecnológicos em relação a sua Vara, Gabinete ou Tribunal, ofertando conhecimento em planejamento e gestão estratégica, gestão de projetos, gestão de pessoas, gestão de processos de trabalho e gestão da informação;

VI — Psicologia e Comunicação — voltada a ofertar elementos que possibilitem ao magistrado melhor gerenciar os funcionários e comunicar-se com as partes, procuradores, colegas e os meios de comunicação social;

VII — Técnicas de Conciliação — apresenta as mais modernas e eficazes formas de se obter a solução negociada das demandas judiciais;

VIII — Efetividade da Execução — estudo dos instrumentos jurídicos e metajurídicos para a concretização das decisões judiciais.

§ 1º O enfoque das disciplinas deverá ser teórico-prático, voltado a transmitir aos novos magistrados a arte de julgar em suas distintas facetas, introduzindo práticas pedagógicas que promovam a integração, a troca de experiências e a vivência profissional, como a simulação, a tutoria, o laboratório judicial e o estudo de caso.

§ 2º As disciplinas desse núcleo mínimo poderão ser desdobradas para aprofundar aspectos específicos de cada uma delas.

§ 3º Ao núcleo mínimo serão acrescidas as disciplinas correspondentes às necessidades específicas de cada ramo do Judiciário ao qual pertençam os magistrados formandos.

Art. 6º As ações formativas de caráter continuado poderão ser presenciais ou virtuais, garantindo a todos os magistrados sob jurisdição de cada Escola Judicial ao menos a participação em uma ação formativa anual, com um mínimo de 16h.

§ 1º As ações presenciais podem ser de participação em cursos ou outros eventos jurídicos.

§ 2º As ações presenciais e as virtuais de cursos a distância estarão necessariamente submetidas à avaliação de aproveitamento.

Art. 7º Qualquer que seja a modalidade formativa, os cursos ministrados no âmbito das Escolas Judiciais deverão primar pela sua qualidade e alto nível dos profissionais do ensino.

Seção II — A Formação de Servidores

Art. 8º A formação dos servidores terá caráter permanente, desde seu ingresso no serviço público e ao longo de sua vida funcional, abrangendo tanto os servidores de carreira quanto os ocupantes de cargos ou funções comissionadas.

Art. 9º As ações formativas relacionadas aos servidores do Poder Judiciário serão desenvolvidas basicamente nos seguintes segmentos:

I — atuação em atividades-fim de assessoramento direto dos magistrados;

II — atuação em atividades-meio de administração de Varas, Gabinetes, Secretarias e Tribunais.

Art. 10. O núcleo básico comum de disciplinas a serem ministradas na formação inicial dos servidores, independentemente das áreas específicas em que atuem, será composto de:

I — Deontologia Profissional do Servidor Público;

II — Psicologia e Comunicação — envolvendo capacitação dos servidores nas técnicas e formas de atendimento eficiente, seguro e cortês aos jurisdicionados, aos advogados e demais atores no conjunto da Justiça;

III — Sistema Judiciário — voltado ao ensinamento sobre o segmento de justiça onde o servidor está inserido;

IV — Sociologia do Direito — visando explicar o fenômeno jurídico na vida e a contribuição que o servidor do Judiciário pode prestar na construção do modelo ideal de justiça;

V — Direito — oferecimento de conteúdo básico em direito material e processual específico da área da atuação do servidor, visando auxiliar sua compreensão sobre o trabalho que desenvolve e seu sentido prático.

Art. 11. Para os servidores que estejam diretamente ligados à área-fim dos órgãos jurisdicionais onde se encontrem lotados, serão ministrados cursos práticos de capacitação judicial específica nas modalidades processuais enfrentadas nesses órgãos, além de Lógica Jurídica e Linguagem Jurídica.

Art. 12. Para os servidores com formação não jurídica ou que desenvolvam ou estejam lotados em unidades ligadas às atividades-meio dos órgãos judicantes, serão ministrados cursos direcionados à gestão estratégica, gestão de projetos, gestão de pessoas, gestão de processos de trabalho e gestão da informação, como instrumento gerencial do servidor, com vistas a otimizar o tempo de trabalho e a aprimorar seu resultado.

Art. 13. O bom desempenho e avaliação de servidores nos cursos oferecidos será fator a ser mensurado na progressão e promoção, servindo de elemento de ponderação na designação para cargos ou funções comissionados.

Capítulo V — Diretrizes Orçamentárias e Financeiras

Art. 14. Os Tribunais com Escolas Judiciais a si vinculadas incluirão em seus orçamentos rubrica específica para as necessidades específicas de recursos materiais e humanos para cumprir esta resolução.

Parágrafo único. As Escolas Judiciais remeterão à Presidência dos respectivos Tribunais as propostas orçamentárias de suas necessidades, planejando as ações formativas que desenvolverão no ano.

Art. 15. Os candidatos aprovados para a participação no curso de seleção como última etapa do concurso para preenchimento de vagas de magistrados e servidores receberão bolsa, durante a realização do curso, no valor do subsídio ou vencimento inicial da carreira, a ser custeada pelos Tribunais para os quais as vagas estejam destinadas.

Art. 16. A remuneração de professores e integrantes de bancas examinadoras de concursos da magistratura será fixada e atualizada nacionalmente por resolução do CNJ, que definirá tabela com valor de hora-aula de acordo com titulação e cargo do prestador do serviço, baseada nos valores vigentes nas instituições públicas federais de ensino.

Capítulo VI — Diretrizes Informativas

Art. 17. As Escolas Judiciais Estaduais e Regionais informarão às Escolas Nacionais respectivas sobre seu planejamento anual e sobre todas as ações formativas levadas a cabo em seu âmbito de jurisdição.

Parágrafo único. Caberá às Escolas Nacionais repassar o relatório consolidado do quantitativo e qualitativo das ações formativas desenvolvidas no âmbito de seu ramo do Poder Judiciário ao Departamento de Pesquisas Judiciárias (DPJ) do CNJ, para constar do relatório da "Justiça em Números", ofertando um panorama completo do que se vem desenvolvendo no Judiciário Brasileiro com vistas ao aperfeiçoamento da prestação jurisdicional.

Art. 18. O relatório consolidado da atividade judicial nacional constante do "Justiça em Números" terá item específico para apresentar a qualificação do Judiciário pelo volume de ações formativas desenvolvidas no âmbito de todo o Judiciário Nacional.

Capítulo VII — Disposições Gerais e Transitórias

Art. 19. As Escolas Judiciais farão a adaptação de seus programas, projetos e planos às diretrizes emanadas desta Resolução.

Art. 20. As Escolas Judiciais darão prioridade, sempre que possível, ao uso da educação a distância como forma de otimização de recursos públicos e terão setor próprio voltado a esse fim, promovendo ações formativas virtuais de magistrados e servidores.

Art. 21. Na realização de cursos de aperfeiçoamento, para fins de vitaliciamento, destinados a juízes que não frequentaram o curso de formação para ingresso na magistratura, deverão ser observadas, também, as diretrizes traçadas para o núcleo básico mínimo de disciplinas dos cursos de formação inicial, nos termos do art. 5º desta Resolução.

Art. 22. O Conselho Nacional de Justiça, como coordenador do Sistema Nacional de Capacitação Judicial (PNCJ), poderá atuar subsidiariamente na implementação direta de ações formativas estabelecidas no presente ato.

Art. 23. Esta Resolução entrará em vigor noventa dias após a sua publicação.

Ministro Cezar Peluso

III) CONSTITUCIONALIDADE DA RESOLUÇÃO N. 126 DO CNJ

As competências do CNJ estão definidas pelo § 4º do art. 103-B da CF, o qual dispõe expressamente:

"Art. 103-B. (...)

(...)

§ 4º Compete ao Conselho o **controle da atuação administrativa e financeira do Poder Judiciário** e do **cumprimento dos deveres funcionais dos juízes**, cabendo-lhe, além de outras atribuições, que lhe forem conferidas pelo Estatuto da Magistratura:

I — zelar pela autonomia do Poder Judiciário e pelo cumprimento do Estatuto da Magistratura, **podendo expedir atos regulamentares**, no âmbito de sua competência, ou recomendar providências; (...);

II — zelar pela observância do art. 37 e **apreciar, de ofício ou mediante provocação, a legalidade dos atos administrativos** praticados por membros ou órgãos do Poder Judiciário, podendo desconstituí-los, revê-los ou fixar prazo para que se adotem as providências necessárias ao exato cumprimento da lei, sem prejuízo da competência do Tribunal de Contas da União" (grifos nossos).

Como se percebe da simples leitura do dispositivo constitucional, e já mencionado acima, é **dupla a missão institucional** do CNJ:

a) o "controle da atuação administrativa e financeira do Poder Judiciário"; e

b) o "controle... do cumprimento dos deveres funcionais dos juízes".

Na **ADIn n. 3.367-1-DF** (DJ 17.3.2006), que reconheceu a **constitucionalidade do CNJ**, o Supremo Tribunal Federal, na esteira do voto de seu Relator, Ministro Cezar Peluso, traçou o **perfil constitucional** do Conselho, cabendo destacar o seguinte trecho do voto, paradigmático para o deslinde da presente controvérsia:

De modo que, sem profanar os limites constitucionais da independência do Judiciário, agiu dentro de sua competência reformadora o poder constituinte derivado, ao outorgar ao Conselho Nacional de Justiça o proeminente papel de fiscal das atividades administrativa e financeira daquele Poder. **A bem da verdade, mais que encargo de controle, o Conselho recebeu aí uma alta função política de aprimoramento do autogoverno do Judiciário, cujas estruturas burocráticas dispersas inviabilizam o esboço de uma estratégia político-institucional de âmbito nacional.** São antigos os anseios da sociedade pela instituição de um órgão superior capaz de formular diagnósticos, tecer críticas construtivas e **elaborar programas** que, nos limites de suas responsabilidades constitucionais, deem respostas dinâmicas e eficazes aos múltiplos problemas comuns em que se desdobra a crise do Poder. (...) **Ao Conselho atribuiu-se esse reclamado** papel de órgão formulador de uma indeclinável política judiciária nacional (fls. 230-231).

Como se verifica do voto, o STF entende que a expressão **"controle"** não se limita à **"fiscalização"** da atividade administrativa ou do cumprimento dos deveres funcionais pelos magistrados, mas a de uma verdadeira **"coordenação"** do Poder Judiciário, **integrando** as "estruturas burocráticas dispersas" da Justiça e **formulando, de forma indeclinável, uma "Política Judiciária Nacional"**.

Tal **missão constitucional** tem sido efetiva e eficientemente desempenhada pelo CNJ, mormente pela **integração de todos os Tribunais brasileiros** nos **4 Encontros Nacionais do Judiciário** realizados em Brasília (25.8.2008), Belo Horizonte (16.2.2009), São Paulo (26.2.2010) e Rio de Janeiro (7.12.2010), nos quais se formularam **políticas judiciárias**, com fixação de **metas** e seu **acompanhamento**, tornando o Judiciário **mais rápido e eficiente**.

Ademais, os **programas** desenvolvidos pelas Comissões Temáticas Permanentes do CNJ, tais como **Mutirão Carcerário, Começar de Novo, Conciliar é Legal, Judiciário em Dia, Casas de Justiça e Cidadania, Numeração Única, Justiça Plena, Certificação Digital para Magistrados, Tabelas Processuais Unificadas** etc., **não tem ferido a independência** dos órgãos judiciários. Antes pelo contrário, as **ações integrativas** só têm contribuído para dinamizar a sua atuação.

No que diz respeito especificamente à **Capacitação Judicial** e no que se refere às **2 Escolas Nacionais** de formação e aperfeiçoamento de magistrados, a **coordenação do CNJ** não foge à regra.

Com efeito, os dispositivos constitucionais que instituíram as duas Escolas Nacionais estão assim redigidos:

"Art. 105. (...)

(...)

Parágrafo único. **Funcionarão junto** ao Superior Tribunal de Justiça:

I — a **Escola Nacional** de Formação e Aperfeiçoamento de Magistrados, cabendo--lhe, dentre outras funções, **regulamentar os cursos oficiais para o ingresso e promoção na carreira**" (grifos nossos).

"Art. 111-A. (...)

(...)

§ 2º **Funcionarão junto** ao Tribunal Superior do Trabalho:

I – a **Escola Nacional** de Formação e Aperfeiçoamento de Magistrados do Trabalho, cabendo-lhe, dentre outras funções, **regulamentar os cursos oficiais para o ingresso e promoção na carreira**" (grifos nossos).

Como se vê, o **perfil constitucional das Escolas Nacionais** de Magistratura se limita a colocá-las **ligadas a 2 Tribunais Superiores** e atribuir-lhes expressamente o papel de **regulamentadoras dos cursos de ingresso e promoção na carreira** da magistratura. A **coordenação das Escolas Judiciais Trabalhistas** pela ENAMAT, prevista em seu Estatuto (art. 17) **não tem sede constitucional**, em que pese, por outro lado, não conflitar com o texto constitucional. Tanto que a Resolução n. 126 do CNJ a prevê expressamente em seu art. 2º, II.

Ora, se cabe ao CNJ a coordenação do Poder Judiciário como um todo, **incluindo os Tribunais Superiores**, pois o CNJ, sob o prisma administrativo, só se subordina ao Supremo Tribunal Federal, e as duas **Escolas Nacionais** de Magistratura, a ENFAM e a ENAMAT, estão **subordinadas a dois Tribunais Superiores**, quais sejam, o STJ e o TST, logo, **as Escolas Nacionais** da Magistratura **estão também sob a coordenação do CNJ** sob o prisma administrativo.

A realidade fática é a de que cada uma das duas Escolas Nacionais **coordena separadamente** sistemas de formação judicial que **não abrangem todos os ramos** do Judiciário, uma vez que ficam fora a Justiça Eleitoral e a Militar. Por outro lado, ENAMAT e ENFAM **não têm conversado entre si**, quando poderiam aproveitar as experiências, tecnologias e recursos humanos e materiais de seus âmbitos, otimizando e racionalizando a atuação do Poder Judiciário nesse campo.

Assim, apenas uma **instância coordenadora que abrangesse todos os ramos do Judiciário** poderia propiciar essa racionalização e otimização de recursos, dando maior eficiência à capacitação tanto de magistrados como de servidores da Justiça.

Ademais, tendo em vista que o **melhor controle disciplinar** é o **preventivo**, justifica-se o investimento sério, continuado e coordenado na **capacitação judicial**, incluindo não só **diretrizes administrativas e financeiras**, mas um mínimo de **diretrizes pedagógicas**, voltadas a incutir nos novos juízes os **princípios e virtudes judiciais** que forjarão **magistrados eticamente justos, tecnicamente competentes e administrativamente eficientes e céleres.**

Nesse sentido, a Resolução n. 126 **não inovou ou extrapolou a competência** das Escolas Nacionais de Magistratura com assento constitucional, na medida em que transpõe para a resolução o que já constava dos Estatutos da ENAMAT. E tal se justifica, no intuito de generalizar **para as Escolas não ligadas** às **2**

Nacionais esse núcleo mínimo de disciplinas fundamentais para a formação de qualquer magistrado.

O **Plano Nacional de Capacitação Judicial**, tal como concebido, discutido e aprovado pelo Plenário do CNJ em 22 de fevereiro de 2011, estabelece **diretrizes mínimas** para integração de todas as Escolas Judiciais brasileiras num **Sistema**, naquilo que é comum a todas elas, **respeitadas as especificidades** de cada ramo do Poder Judiciário pátrio. Ademais, abrange não apenas **magistrados**, mas também **servidores**, muitas vezes não contemplados com **planos e ações formativas específicas, orgânicas e permanentes**.

Portanto, é **notória a constitucionalidade da Resolução n. 126 do CNJ** quando institui um **Sistema Nacional de Capacitação Judicial** que **integre** todas as Escolas Judiciais brasileiras sob a coordenação do CNJ.

IV) Conveniência e oportunidade da Resolução n. 126 do CNJ

A **conveniência e oportunidade** da edição da Resolução n. 126 do CNJ ficaram **patentes** no **Encontro Nacional do Judiciário sobre Capacitação Judicial**, realizado em Florianópolis, no dia 15 de abril de 2011, no TJSC, congregando as Escolas Judiciais brasileiras e discutindo a própria Resolução n. 126, sob o prisma de sua oportunidade, aperfeiçoamento e implementação.

O **modelo** foi o mesmo adotado quando da realização do "Encontro Nacional do Judiciário sobre Precatórios", que teve por base discutir a Resolução n. 115 do CNJ, regulamentadora da Emenda Constitucional n. 62/09, e que resultou nos aperfeiçoamentos levados a cabo pela Resolução n. 123. E o Encontro não poderia ter sido mais **democrático** para discussão dos problemas da Capacitação Judicial:

> **a)** foram convidadas todas as Escolas Judiciais brasileiras e, em que pese a orientação passada pela direção das 2 Escolas Nacionais de Formação de Magistrados, de não comparecimento ao evento, compreensível pela insatisfação com o texto final da Resolução n. 126 do CNJ, mas não justificável, já que o foro democrático aberto para o debate de aperfeiçoamento da resolução era o Encontro Nacional, o fato é que **65 das 88 Escolas Judiciais brasileiras (73% do total) estiveram representadas e manifestaram suas opiniões** sobre o Plano e o Sistema;
>
> **b)** para cada tema do Encontro foram formuladas 2 **perguntas de opinião**, mensuráveis mediante resposta afirmativa ou negativa, e 2 perguntas para coleta de sugestões, críticas e experiências, a serem

respondidas pelos palestrantes e em questionários preenchidos pelos participantes, tornando possível **apurar o entendimento majoritário** quanto aos principais problemas enfrentados no campo da capacitação judicial;

c) no final do evento, foram apresentados, graças à eficiência da equipe de informática do CNJ, os **resultados das pesquisas de opinião** dos presidentes de tribunais, diretores de escolas ou seus representantes, sobre os rumos a tomar na implementação e aperfeiçoamento da resolução, servindo de sinalização e orientação a ser seguida (somente foram considerados um voto para cada tribunal ou escola, sendo que os diretores ou representantes de escolas associativas assistiram ao evento como observadores).

Em relação à pergunta-chave que se colocava aos participantes, quanto à **possibilidade de uma maior integração entre as Escolas sob a coordenação do CNJ, 92% dos diretores de escolas judiciais responderam afirmativamente**, o que demonstra que a iniciativa era não só acertada, mas necessária, até porque foi o 1º Encontro Nacional de Capacitação Judicial integrando todos os ramos do Judiciário brasileiro.

Nesse sentido, o descontentamento manifestado pelas duas Escolas Nacionais com a coordenação do CNJ de um **Sistema Nacional de Capacitação Judicial** que abrangesse e integrasse todos os ramos do Poder Judiciário não era justificável, até porque o **art. 2º da Resolução n. 126 do CNJ** deixou claro que a ENFAM coordena as Escolas Judiciais Estaduais e Federais e a ENAMAT coordena as Escolas Judiciais Trabalhistas.

Assim, verifica-se como foi **oportuna e conveniente a edição da Resolução n. 126 do CNJ**, que já se fazia tardia.

V) O ENCONTRO NACIONAL DO JUDICIÁRIO SOBRE CAPACITAÇÃO JUDICIAL

Em que pese a orientação passada pela direção das 2 Escolas Nacionais de Formação de Magistrados, de não comparecimento ao evento, compreensível pela insatisfação com o texto final da Resolução n. 126 do CNJ, mas não justificável, já que o foro democrático aberto para o debate de aperfeiçoamento da resolução era o Encontro Nacional, o fato é que **65 das 88 Escolas Judiciais brasileiras (73% do total) estiveram representadas e manifestaram suas opiniões** sobre o Plano e o Sistema. Além disso, 42 tribunais se fizeram representar, por seus presidentes ou desembargadores, para discutirem a formação de seus servidores (além da presença de assessorias técnicas e diretores de escolas associativas, enchendo o Plenário do TJSC).

Em relação à pergunta-chave que se colocava aos participantes, quanto à **possibilidade de uma maior integração entre as Escolas sob a coordenação do CNJ, 92% dos diretores de escolas judiciais responderam afirmativamente**, o que demonstra que a iniciativa era não só acertada, mas necessária, até porque foi o 1º Encontro Nacional de Capacitação Judicial integrando todos os ramos do Judiciário brasileiro.

O Encontro de Florianópolis foi fantástico, pelos palestrantes, pelos participantes e pela organização impecável levada a cabo pelo cerimonial do CNJ, capitaneado pela Dra. Magui Nogueira, e do TJSC.

Passamos a comentar as principais ideias formuladas pelos palestrantes, os resultados das pesquisas feitas no Encontro e as sugestões recebidas dos participantes.

VI) AS ESCOLAS JUDICIAIS E SUA ESTRUTURA ADMINISTRATIVA

As **principais questões** enfrentadas no **1º Painel do Encontro** (presidido pelo Cons. **Milton Nobre**, tendo como palestrantes o Min. **Sidnei Beneti** do STJ e o Des. **Newton de Lucca** do 3º TRF) foram as seguintes, com a **sinalização** dada pelos representantes dos Tribunais e das Escolas de Magistratura:

1º Painel: As Escolas Judiciais e sua Estrutura Administrativa	
Questões	Opinião Majoritária
1) É possível uma maior integração entre as Escolas Judiciais brasileiras, para troca de experiências e compartilhamento de mecanismos de recursos humanos e materiais, sob a coordenação do CNJ?	95% Sim Respaldando os arts. 1º e 2º da Res. n. 126
2) É conveniente dividir as Escolas Judiciais em Departamentos, incluindo um para a capacitação de servidores?	82% Sim Respaldando o art. 2º, parágrafo único, da Res. n. 126
3) Seria salutar a adoção do sistema de mandato, à semelhança dos cargos de direção dos tribunais, para os cargos de diretor, vice-diretor e conselheiro das Escolas Judiciais, limitado a dois anos?	88% Sim Sinalização que sugere acréscimo de dispositivo específico.

4) O critério de antiguidade poderia nortear a escolha dos diretores das Escolas Judiciais, sendo o diretor e vice-diretor os mais antigos, após o preenchimento dos cargos de direção do Tribunal?	77% Não

Em relação a este 1º Painel, tendo em conta as observações feitas pelos Diretores das Escolas, poderiam ser promovidas as seguintes **alterações na Resolução n. 126 do CNJ** (colocadas em negrito sublinhado, para maior destaque):

"Art. 1º (...)

Parágrafo único. O PNCJ inclui apenas os aspectos comuns aos distintos ramos do Poder Judiciário, cabendo a cada Escola Judicial desenvolver seus programas específicos, observando as diretrizes gerais emanadas **deste** Plano **e das Escolas Nacionias da Magistratura (ENFAM E ENAMAT), dentro de suas respectivas competências,** e incrementando-as de acordo com suas características e necessidades próprias".

"Art. 2º (...)

Parágrafo único. As Escolas Judiciais Nacionais, Regionais, Federais e Estaduais **poderão ter** departamento próprio para a coordenação, planejamento e desenvolvimento das ações formativas dos servidores dos respectivos Tribunais e jurisdições".

"Art. 2º-A. Os Tribunais Superiores, Estaduais, Federais, Trabalhistas, Eleitorais e Militares elegerão, dentre seus membros, o diretor e vice-diretor das respectivas escolas judiciais, para mandato de 2 anos, com possibilidade de uma recondução.

Parágrafo único. Para compor os conselhos consultivos das Escolas Judiciais, são elegíveis membros dos respectivos tribunais e/ou das instâncias inferiores da respectiva jurisdição, nos termos e quantitativos previstos nos respectivos regimentos internos, para cumprimento de mandato nos termos do *caput* deste artigo".

Se o parágrafo único do art. 1º da Resolução n. 126 do CNJ já deixa claro que o Plano Nacional de Capacitação Judicial só abrange **aspectos comuns a todos os ramos do Judiciário**, não é demais **frisar**, nesse dispositivo, a **competência regulamentar própria das Escolas Nacionais em suas respectivas jurisdições**.

Em que pese a opinião majoritária do Encontro quanto à capacitação judicial de servidores do Poder Judiciário ser levada a cabo pelas Escolas Judiciais de Magistrados, as experiências colhidas no Encontro, especialmente dos palestrantes, apontam para a conveniência de colocar como **faculdade** a assunção do encargo por essas Escolas, em face de outras duas possibilidades:

manter no tribunal setor específico de capacitação judicial para servidores (como o CEFAST do TST) ou a instituição de **Escola de Formação de Servidores** ligada ao Tribunal (como é o caso da Escola que funciona junto ao TJRJ).

Tratando-se de **matéria tipicamente administrativa** e tendo em vista a **sinalização amplamente majoritária** do Encontro, no sentido de se estabelecer **mandato** para os diretores de Escolas Judiciais, acrescentando-se dispositivo específico à resolução vigente.

VII) O SISTEMA NACIONAL DE CAPACITAÇÃO JUDICIAL E SUAS INOVAÇÕES

As **principais questões** enfrentadas no **2º Painel do Encontro** (presidido pelo Cons. José Adônis Callou de Araújo Sá, tendo como palestrantes o Min. Carlos Alberto Reis de Paula do TST e o Des. Voltaire de Lima Moraes do TJRS) foram as seguintes, com a sinalização dada pelos representantes dos Tribunais e das Escolas de Magistratura:

2º Painel: O Sistema Nacional de Capacitação Judicial e suas Inovações	
Questões	Opinião Majoritária
5) Seria conveniente e oportuno adotar, à semelhança do Ministério Público Federal e do Trabalho, o concurso nacional para o ingresso na Magistratura Federal e do Trabalho, respeitadas as vagas por Tribunal Regional e a carreira no tribunal de ingresso?	60% Sim
6) Os concursos nacionais poderiam ser coordenados pelas Escolas Nacionais, com bancas distintas para cada etapa do concurso, de 5 membros (um ministro, 2 desembargadores, 1 procurador e um advogado), prestigiando, alternadamente, todos os Regionais?	66% Sim
7) Seria conveniente que o curso de formação inicial dos magistrados constituísse a última etapa do concurso de ingresso na magistratura, para verificar a vocação do candidato à magistratura, quer pelo tribunal, quer pelo próprio candidato?	71% Sim Respaldando o art. 3º, § 1º, I, da Res. n. 126, que coloca a matéria em termos facultativos
8) A duração de um mês de curso é suficiente?	79% Não Respaldando o art. 3º, § 1º, I, da Res. n. 126, com tempo mínimo.

A questão do **concurso nacional** para a magistratura federal é **polêmica**, encontrando certa resistência por parte dos Tribunais Regionais. Os **Estatutos da ENMAT** dão sinalização no sentido do certame nacional por ela coordenado, ao dispor, logo em seu **art. 1º** que uma das finalidades da Escola é a **seleção de magistrados do trabalho**. Como a opinião favorável à nacionalização dos concursos não foi amplamente majoritária, careceria a matéria de maior aprofundamento e discussão, de modo a respaldar a sua normatização.

Quanto à **formação inicial**, em que pese a sinalização majoritária pela inclusão do curso como última etapa do concurso para ingresso na carreira e a ampliação de seu tempo de duração, a **facultatividade** colocada no § 2º do art. 3º da Resolução n. 126, aliada à possibilidade de ampliação da duração do curso, inserida no § 1º, I, do mesmo artigo, parecem ser as soluções mais oportunas no momento, dando ampla liberdade aos Tribunais e Escolas, com sinalização, entretanto, do que seria mais interessante.

Sob tais prismas, portanto, a Resolução n. 126 do CNJ **não careceria de aperfeiçoamento**, a par de se achar bem respaldada pelo entendimento majoritário manifestado no Encontro de Florianópolis.

VIII) A FORMAÇÃO INICIAL DE MAGISTRADOS

As **principais questões** enfrentadas no **3º Painel do Encontro** (presidido pelo Cons. **Jorge Hélio Chaves**, tendo como palestrantes o Dr. **Joaquim Falcão**, Diretor da Faculdade de Direito da FGV e ex-Conselheiro do CNJ, e o Des. **José Renato Nalini**, do TJSP) foram as seguintes, com a sinalização dada pelos representantes dos Tribunais e das Escolas de Magistratura:

3º Painel: A Formação Inicial de Magistrados	
Questões	Opinião Majoritária
9) Os professores que ministrarão aulas no curso de formação inicial devem ter titulação mínima?	73% Sim
10) Seria conveniente a adoção de período de estágio assistido, em que o aluno-juiz atuaria sob a supervisão de um juiz-professor?	92% Sim
11) O princípio da integridade, insculpido nos arts. 15 e 16 do Código de Ética da Magistratura Nacional, que exige uma conduta do magistrado na vida privada, compatível com o cargo que ocupa, poderia ser mais valorizado e enfatizado nos cursos de formação aos novos magistrados?	95% Sim
12) Tem sido eficaz, sob o prisma pedagógico, a ação do CNJ, apenando juízes corruptos e desidiosos, para coibir desvios éticos de magistrados?	84% Sim

Foi quase unânime a opinião dos participantes do Encontro de Florianópolis de que seria conveniente que o juiz recém-ingresso na magistratura pudesse passar um primeiro período de atuação sob a **supervisão** de um magistrado mais experiente, acompanhando as audiências ou as conduzindo, com o acompanhamento do juiz titular.

A forma de fazê-lo, no entanto, demandaria estudos mais aprofundados, razão pela qual seria oportuno incluir a possibilidade na Resolução n. 26, deixando sua concretização a cargo do acerto entre Tribunal e sua Escola Judicial.

Assim, poderia ser inserido na Resolução n. 126 do CNJ o seguinte dispositivo:

"Art. 4º-A. Uma vez concluídos os cursos de formação inicial do magistrado recém--ingresso, poderá ser adotado, durante período e na forma a serem definidos em resolução do Tribunal respectivo, o estágio supervisionado, antes da assunção plena da jurisdição."

As respostas às perguntas sobre a **importância da formação ética dos magistrados** mostram como a **atuação do CNJ**, quer no campo **correicional**, quer agora, no campo **coordenativo de ações** voltadas à capacitação judicial especificamente quanto aos **princípios éticos e virtudes judiciais** que compõem o Código de Ética da Magistratura Nacional e a Lei Orgânica da Magistratura Nacional, está sendo reconhecidamente eficaz.

IX) A FORMAÇÃO DOS SERVIDORES E A PARTICIPAÇÃO DAS ESCOLAS JUDICIAIS

As **principais questões** enfrentadas no **4º Painel do Encontro** (presidido pelo Cons. Marcelo Neves, tendo como palestrantes o Prof. Tércio Sampaio Ferraz Jr., da USP e a Dra. Renata Mansur, Diretora da Escola de Administração Judiciária do Rio de Janeiro — ESAJ) foram as seguintes, com a sinalização dada pelos representantes dos Tribunais e das Escolas de Magistratura:

4º Painel: A Formação dos Servidores e a Participação das Escolas Judiciais	
Questões	Opinião Majoritária
13) Seria conveniente a participação de cada servidor que integra a assessoria jurídica dos magistrados ao menos em uma ação formativa anual?	98% Sim
14) Na prática, a elaboração, por assessores, de minutas de sentenças, votos e despachos a serem exarados pelos magistrados, pode ser revisada de forma sumária, por amostragem ou sem o exame dos autos?	55% Não

15) Não seria mais conveniente o preenchimento dos cargos de assessoria administrativa direta das presidências e corregedorias dos Tribunais por servidores e não por juízes auxiliares, para prestigiar a carreira dos servidores e não retirar da jurisdição juízes que farão falta na 1ª instância?	**54% Não**
16) Pode-se chegar, no prazo de um ano, à reciclagem geral dos servidores que atuam em Varas, na esteira das metas propostas pelo CNJ, de formação administrativa de magistrados e servidores do Judiciário?	**59% Não**

É sumamente interessante notar, quanto às pesquisas de opinião em relação a este painel, como, no que diz respeito à questão dos **limites de delegação de jurisdição**, os resultados variaram sumamente no que diz respeito aos segmentos: enquanto **71% dos diretores de escolas responderam que não** à questão 14, **61% dos presidentes de tribunais responderam que sim**.

A questão visava colocar o dedo em uma das chagas do Poder Judiciário atual: a necessidade de uma **preparo melhor das assessorias jurídicas**, na medida em que, na prática, queira ou não se queria reconhecer, tem havido verdadeira **delegação de jurisdição** com a **revisão sumária** de minutas de votos feitas no âmbito dos Tribunais, como reconhecido por seus presidentes. As demandas crescentes e sobre-humanas e as exigências de dinamismo e celeridade na prestação jurisdicional não têm deixado de **atropelar o princípio da indelegabilidade de jurisdição**. Com isso, duas soluções se mostram de fundamental importância: a **racionalização judicial**, pela simplificação recursal, ou o **aperfeiçoamento técnico** do corpo de servidores dos tribunais, pela capacitação judicial exigente e constante.

O problema, em relação à **capacitação de servidores**, é o do **elevado número de servidores** a exigir formação, notavelmente maior do que de magistrados. No entanto, diferentemente do magistrado, que, ao assumir a jurisdição, já deverá dirigir órgãos jurisdicionais (Varas), o servidor pode ir aprendendo suas funções com a experiência dos colegas e em atividades de menor responsabilidade, até dominar técnicas e expedientes. Daí a não necessidade de uma formação inicial prévia à entrada em exercício, para os servidores, podendo as **ações formativas iniciais ser espaçadas no tempo**.

Nesse sentido, poder-se-ia estabelecer, como **mínimo possível**, a participação em **curso de formação inicial** durante o **período de vitaliciamento**, nos seguintes termos:

"Art. 12-A. Os servidores do Poder Judiciário, ao ingressarem na carreira, deverão participar de curso de formação inicial durante o período de estágio probatório, como elemento de treinamento e de avaliação de desempenho, para fins de vitaliciamento."

X) SISTEMAS DE AVALIAÇÃO NOS CURSOS DE FORMAÇÃO

As **principais questões** enfrentadas no **5º Painel do Encontro** (presidido pelo Cons. **Paulo Tamburini,** tendo como palestrantes a Profª Maria Teresa Sadek, da USP, e a Profª Eleonora Jorge Ricardo, da UERJ) foram as seguintes, com a sinalização dada pelos representantes dos Tribunais e das Escolas de Magistratura:

5º Painel: Sistemas de Avaliação nos Cursos de Formação	
Questões	Opinião Majoritária
17) A avaliação dos cursos de formação inicial deve ser feita com base na fixação de nota mínima, sob pena de reprovação e não vitaliciamento do magistrado?	77% Sim
18) Deve haver uma avaliação do curso por parte dos alunos-juízes, de modo a aperfeiçoar os métodos didáticos, ações formativas e quadro de professores?	98% Sim
19) Os cursos de formação continuada devem ter avaliação?	84% Sim
20) A Resolução n. 126 do CNJ, sobre critérios objetivos de promoção, dá ênfase ao cursos de formação continuada. É possível engajar todos os magistrados em uma ação formativa anual?	80% Sim Respaldando o art. 6º da Res. n. 126

Quanto à preocupação da ENAMAT em relação ao **parágrafo único do art. 4º da Resolução n. 126 do CNJ**, no sentido de que a **avaliação final dos magistrados** que participaram do **curso de seleção** possa ser **homologada** pelo Tribunal, ferindo a autonomia da Escola, talvez decorra da leitura isolada do dispositivo.

Com efeito, se se tiver em conta que o dispositivo está relacionado ao **art. 3º, § 1º, I, da Resolução**, verificar-se-á que a hipótese de homologação somente se dará no caso de haver, por parte do Tribunal, a opção para que o curso de formação inicial seja a **etapa final do concurso** para ingresso na magistratura. Ora, nesse caso, a **homologação do resultado final do concurso** cabe, efetivamente, ao Tribunal.

XI) MEIOS DE ENGAJAMENTO NA FORMAÇÃO CONTINUADA

As **principais questões** enfrentadas no **6º Painel do Encontro** (presidido pelo Cons. Jefferson Kravchychyn, tendo como palestrantes Dr. Diogo Albuquerque Ferreira, Coordenador dos Cursos a Distância do CNJ e o Prof. Celso Campilongo, da PUC-SP) foram as seguintes, com a sinalização dada pelos representantes dos Tribunais e das Escolas de Magistratura:

6º Painel: Meios de Engajamento na Formação Continuada	
Questões	Opinião Majoritária
21) É possível adotar uma plataforma comum a todas as Escolas Judiciais brasileiras para a realização de cursos a distância?	89% Sim Respaldando o art. 20 da Res. n. 126
22) O ensino a distância poderia abranger cursos no exterior?	92% Sim
23) Seria interessante organizar no Brasil cursos de preparação para a administração de tribunais, à semelhança dos *Judicial Leadership* americanos e ingleses, a serem administrados para futuros dirigentes de Tribunais?	95% Sim Respaldando o art. 5º, V, da Resolução n. 126
24) Seria conveniente que as ações formativas se estendam aos ministros da Suprema Corte e Tribunais Superiores?	94% Sim

Um dos maiores problemas que enfrentam as Escolas Judiciais, não só brasileiras, como de todo o mundo, conforme pudemos verificar na **4th International Conference on Judicial Training**, da qual participamos em outubro de 2009, na cidade de Sydney (Austrália), é o da **dificuldade de engajamento de magistrados mais antigos na formação continuada**. Quer por questões de tempo, quer por falta de interesse na reciclagem, acabam não se animando a participar em cursos, quer presenciais, quer virtuais.

Por outro lado, em escolas estrangeiras, mormente de tradição anglo--americana, têm sido muito úteis os **cursos de administração judiciária** dos quais participam aqueles que deverão **dirigir tribunais**, preparando-se convenientemente para uma atividade para a qual, em princípio, não estariam vocacionados.

Daí que, às perguntas sobre a **possibilidade da organização desses cursos no Brasil** e da **participação inclusive de ministros das Cortes Superiores**, a opinião foi quase unânime no sentido de sua oportunidade.

Aqui não se trata de cursos obrigatórios, mas de ações formativas e de atualização das quais não pode ser excluído nenhum magistrado.

Conclusão

O cidadão em sua dupla dimensão de trabalhador e de empreendedor só poderá ter segurança e desenvolver suas atividades com dinamismo, produtividade e prosperidade numa **sociedade em que impere a justiça e a paz**.

A paz e a ordem numa sociedade não são garantidas pelas armas, mas pela consciência e confiança de seus membros numa **Justiça acessível, eficiente, célere, segura e barata**.

A **qualidade** das decisões é o cerne da pacificação social, ainda que os demais apanágios do Poder Judiciário sejam fundamentais para o seu bom desempenho e satisfação social.

E essa qualidade só será alcançada mediante o **investimento sério, continuado e orgânico na capacitação judicial**. Assim, a figura do magistrado **tecnicamente capacitado, eticamente justo e gerencialmente célere** constitui o baluarte da sociedade próspera e harmoniosa que todos nós desejamos. Assim, vale a pena prestigiar e investir na capacitação judicial e na sua implementação orgânica. Ao Prof. José Pastore, eminente mestre que sempre acreditou nos ideais de uma Justiça real e efetiva, a nossa homenagem nesse singelo estudo sobre um dos meios de se chegar a ela.

UM BALANÇO DAS POLÍTICAS DE MERCADO DE TRABALHO NO BRASIL: ONDE ESTAMOS NO CENÁRIO INTERNACIONAL?(*)

José Paulo Zeetano Chahad(**)

1. Introdução

O Brasil adentra a segunda década do século XXI numa situação paradoxal no mercado de trabalho. Por um lado, o emprego formal tem aumentado e a informalidade se reduzido; o desemprego aberto encontra-se em nível baixo em relação ao seu padrão histórico; o salário real tem crescido; a distribuição de renda na população mais carente tem melhorado; e a qualidade dos empregos tem crescido. Enfim, são inúmeros os aspectos positivos que têm se transformado numa melhoria do bem-estar da população brasileira.

Por outro lado, as instituições voltadas para o mercado de trabalho revelam atraso, ou não são suficientemente desenvolvidas para enfrentar os desafios do desenvolvimento econômico de um país num contexto de rápidas e profundas transformações trazidas pela globalização. Sob a ótica das relações de emprego,

---

(*) Texto escrito para o livro em homenagem ao Professor José Pastore. O autor se congratula com o homenageado em quem reconhece um excelente profissional, um Professor de renome internacional, um grande brasileiro e um valoroso amigo.
(**) Professor Titular da FEA-USP e Pesquisador da Fundação Instituto de Pesquisas Econômicas (FIPE). O autor agradece o apoio e colaboração da estagiária Marcela Mizuguchi, pelo paciente trabalho de coleta de informações, busca bibliográfica, elaboração de gráficos, quadros e tabelas, e revisão do texto. Agradece também à Felisbela Rossetti pelo trabalho de formatação do texto. Todos os erros são de responsabilidade do autor.

temos uma legislação trabalhista que já prestou bons serviços, mas que hoje se revela ultrapassada. Sua vigência de quase 70 anos de existência, sem nunca passar por grandes modificações de fundo, impede uma flexibilidade maior das relações de trabalho, e deixa de conferir primazia para as negociações coletivas entre as partes interessadas, um imperativo das modernas relações de trabalho.[1]

Em relação à proteção social aos trabalhadores, as instituições apresentam-se, também, muito incipientes, e pouco desenvolvidas no que diz respeito ao funcionamento do mercado de trabalho. Embora o país já disponha de instrumentos semelhantes aos utilizados no cenário internacional, eles atuam abaixo do seu potencial e raramente atingem os objetivos a que se destinam.

Como exemplo temos o Sistema Nacional de Emprego (SINE), cujo funcionamento é precário. Suas instalações não são suficientes e os recursos humanos disponíveis são de baixa qualidade. Outro exemplo é a falta de identidade dos programas de formação e treinamento profissional, o que leva a dispêndio de recursos públicos com baixo retorno produtivo e social. Temos ainda o programa de seguro-desemprego cuja forma de pagamento o transforma numa "indenização compulsória", dado que o desempregado não se submete a ações de reemprego. Outros exemplos mais poderiam mostrar a ineficiência e ineficácia dessas políticas.

Este texto procura mostrar o quadro atual das políticas brasileiras voltadas para o mercado de trabalho.[2] Em particular, vamos apresentar e analisar as chamadas políticas ativas (PAMT) e passivas (PPMT) no mercado de trabalho, tendo como pano de fundo sua existência e como elas operam no panorama internacional, admitindo que este cenário represente as boas práticas em termos destas políticas e também a possiblidade de implementá-las no Brasil.

Visando atingir seus objetivos, este texto foi estruturado da seguinte forma: a seção 2 aborda as políticas de mercado de trabalho no cenário internacional, destacando sua tipologia, principais estatísticas e tendências atuais; a seção 3 contempla o estágio atual das políticas de mercado de trabalho no Brasil, enfatizando seu surgimento histórico e dimensão atual, e faz uma avaliação sucinta delas; a seção 4 contempla uma comparação das PAMT e PPMT brasileiras com aquelas praticadas no resto do mundo; e a seção 5 traz as perspectivas para o Brasil, em termos de melhorias nas políticas voltadas para o mercado de trabalho.

---

(1) Ver, entre outros, Chahad (2009) e Pastore (2005).
(2) Neste texto estas políticas serão resumidas em duas categorias apenas: as políticas ativas (PAMT), que buscam reinserir o trabalhador desempregado no mercado de trabalho; e as políticas passivas (PPMT) que, regra geral, referem-se ao pagamento de benefícios e outras ações semelhantes ao desempregado. Do ponto de vista da alocação de recursos oficiais serão consideradas apenas aquelas políticas de mercado de trabalho financiadas pelo Fundo de Amparo ao Trabalhador (FAT).

2. As políticas de mercado de trabalho no cenário internacional

Este balanço das políticas de mercado de trabalho no Brasil pode ser abordado por duas óticas. A primeira diz respeito à sua própria evolução histórica, sua estrutura, suas estatísticas, sua avaliação e suas perspectivas. A outra diz respeito ao seu alcance e suas limitações quando se compara com o funcionamento dessas políticas no cenário internacional. Esta comparação se impõe para sabermos a real dimensão do sistema de proteção social ao trabalhador brasileiro por meio desse tipo de ação governamental, e quais são as lições a serem aprendidas.

2.1. Conceituação e tipologia

As PAMT e as PPMT são bastante disseminadas no panorama internacional não havendo muita discordância com relação ao que se referem. As **ações ativas** compreendem um amplo conjunto de políticas e programas destinados a melhorar o acesso do desempregado ao mercado de trabalho, às ocupações oferecidas e ao desenvolvimento de habilidades a elas relacionadas, assim como subsídios ao emprego. Também são considerados como políticas ativas o treinamento profissional e geração de dados e informações visando à tomada de decisões de políticas no mercado de trabalho.

As **medidas passivas** abrangem os gastos com benefícios aos desempregados, em especial o programa de seguro-desemprego (SD), e os programas de antecipação da aposentadoria do trabalhador. Outras ações como postergação da entrada do jovem no mercado de trabalho, via maior permanência na escola, ou mesmo o retorno completo do indivíduo aos bancos escolares são, também, consideradas políticas passivas.[3]

Historicamente as ações passivas precederam as ativas. A primeira experiência mundial foi em 1911 quando a Inglaterra implantou o primeiro programa de SD visando enfrentar o desemprego estrutural que surgiu com a consolidação do processo de industrialização. As PAMT são mais recentes e ganharam notoriedade nos anos sessenta, no âmbito da Organização para Cooperação Econômica e Desenvolvimento (OECD), tendo recebido crescente atenção nas décadas seguintes quando, graças a um *Welfare State* muito amplo, o problema do desemprego intensificou-se, principalmente no continente europeu. Sua consagração como instrumento para combater a persistência do desemprego veio

---

(3) Auer, Efendiglu e Leschke (2005: p. 14) afirmam que, no que se refere a estas ações no mercado de trabalho, é mais apropriado falar em políticas de reposição de renda com condicionalidades de trabalho ou de treinamento (PAMT) e aquelas políticas de reposição de renda sem estas condicionalidades (PPMT).

em 1994 com o relatório OECD Jobs Study (1994), no qual um amplo conjunto de ações foi proposto para tentar resolver a questão.⁽⁴⁾

Tanto as PAMT quanto as PPMT tendem a diferir entre países, mas existe um conjunto mínimo de políticas no cenário internacional, especialmente no âmbito da OECD, que é comum a todos. Elas estão listadas no **Quadro 1**. Além de servir de base para os comentários abaixo, este quadro será útil para aferir a aderência das políticas brasileiras ao cenário internacional.

Quadro 1
OECD: Políticas Voltadas para o Mercado de Trabalho no Cenário Internacional; 2011
Políticas Ativas
1. Serviço Público de Emprego
1.1. Intermediação de mão de obra
1.2. Estatísticas e informações sobre o mercado de trabalho
2. Treinamento Profissional
2.1. Treinamento aos desempregados
2.2. Treinamento para trabalhadores com emprego vulnerável
2.3. Reciclagem do trabalhador empregado
3. Emprego aos Jovens
3.1. Auxílio aos jovens desempregados e em desvantagem no mercado de trabalho
3.2. Apoio à aprendizagem profissional/outros tipos de treinamento
4. Rotatividade do Trabalho e *Job Sharing*
5. Políticas de Incentivo ao Emprego
5.1. Subsídio ao emprego privado
5.2. Auxílio ao desempregado para montar empresa (crédito)
5.3. Criação direta de emprego pelo setor público
6. Programas de Emprego aos Deficientes
6.1. Reabilitação profissional
6.2. Apoio a ocupações específicas para os incapacitados
Políticas Passivas
7. Seguro-Desemprego

---

(4) Consultar entre outros, OECD Jobs Study (1994), Chahad (2006) e Martin e Grubb (2001).

8.	Assistência ao Desemprego
9.	Compensação por Falência de Empresas
10.	Retirada Antecipada do Mercado de Trabalho

Fonte: Elaboração do autor em base em OECD Stats Extracts e Cahuc e Zylberberg (2004).

Embora não haja qualquer hierarquia entre elas, algumas se destacam pela sua importância. Entre as PAMT temos os Serviços de Emprego (ou Serviços Públicos de Emprego — SPE), pelo papel que exercem na organização e equilíbrio do mercado de trabalho; e os programas de treinamento profissional, que têm assumido crescente importância por causa da rápida obsolescência que a globalização tem imposto à força de trabalho. Entre as PPMT, a de maior destaque, apesar de vícios e armadilhas, é o programa de SD, seja pelo seu fascínio natural ou porque contempla um lado ético do capitalismo.

Experiências internacionais revelam que as oportunidades de sucesso, o alcance e as limitações das políticas ativas e passivas dependem de diversos fatores, incluindo as características da economia do país, as peculiaridades do mercado de trabalho local, e os aspectos institucionais e trabalhistas. As ações ativas não devem ser adotadas isoladamente, mas devem ser integradas ao SD. Além disso, as evidências recentes com as PAMT destacam dois aspectos pelos quais são importantes para a adequação do mercado de trabalho do país aos impactos decorrentes da globalização e da flexibilização do mercado de trabalho (AUER; EFENDIGLU; LESCHKE 2005):

> (a) quanto maior o grau de abertura da economia, maiores os gastos com as PAMT, uma vez que esse processo torna o mercado de trabalho menos seguro, exigindo maior ação do setor público contra os riscos da globalização; e

> (b) quanto maiores os gastos com PAMT, maiores são os segmentos da força de trabalho que se sentem seguros perante as possibilidades de manterem seus empregos.

A observação do estágio atual das PAMT em diversas reuniões do mundo indica um aumento de sua utilização, mas diferindo muito na importância atribuída a cada política. Na África, com enorme setor informal, o apoio na forma de microcrédito aos trabalhadores autônomos e pequenos empreendimentos tem sido de vital importância, assim como a criação de emprego direto pelo setor público.

Na América Latina, além dessas políticas, os programas de treinamento, reciclagem e formação de recursos humanos têm se tornado mais importantes. Na

Ásia, o apoio aos pequenos empreendimentos e auxílio de crédito aos autônomos se destaca como medida ativa. Nas economias em transição do Leste europeu, o emprego público direto e o subsídio ao emprego privado têm sido a melhor alternativa desde a transição econômica. Na OECD, onde o mercado de trabalho é mais homogêneo e o desemprego tem sido alto, as prioridades e notoriedade recaem sobre os Serviços de Emprego, o treinamento e o subsídio ao emprego no setor privado.

2.2. Principais estatísticas internacionais

Ainda que a utilização das políticas voltadas para o mercado de trabalho, que integram o Quadro 1, esteja disseminada em praticamente todas as regiões do mundo, existem diferenças significativas no volume de recursos destinado para esta finalidade, seja entre as regiões, seja entre países. Uma avalição da dimensão assumida por essas políticas encontra-se na **Tabela 1,** que contém estatísticas de um conjunto seleto de países no âmbito da OECD, onde a prática dessas políticas já está amplamente consagrada.

		1998	1999	2000	2001	2002	2003	2004	2005	2006	2007	2008	2009
Alemanha	Ativas	1,18	1,30	1,23	1,23	1,25	1,17	1,08	0,90	0,87	0,73	0,80	1,00
	Passivas	2,27	2,11	1,89	1,92	2,14	2,28	2,32	2,01	1,72	1,29	1,10	1,52
	Total	3,45	3,41	3,12	3,15	3,39	3,45	3,40	2,91	2,59	2,02	1,90	2,52
Austrália	Ativas	0,35	0,37	0,36	0,35	0,34	0,35	0,38	0,37	0,33	0,30	0,31	0,32
	Passivas	1,06	0,93	0,86	0,88	0,77	0,70	0,62	0,54	0,48	0,41	0,45	0,55
	Total	1,41	1,30	1,22	1,23	1,11	1,05	1,00	0,91	0,81	0,71	0,76	0,87
Dinamarca	Ativas	1,68	0,19	1,89	1,86	1,88	1,77	1,70	1,58	1,51	1,30	1,34	1,62
	Passivas	2,94	2,57	2,38	2,27	2,31	2,66	2,66	2,34	1,86	1,50	1,21	1,73
	Total	4,62	2,756	4,27	4,13	4,19	4,43	4,36	3,92	3,37	2,8	2,55	3,35

Tabela 1
OECD: Estatísticas Sobre Políticas Ativas e Passivas no Mercado de Trabalho: 1998/2009
(% do PIB)

Espanha	Ativas	0,56	0,85	0,79	0,74	0,72	0,71	0,75	0,78	0,79	0,79	0,81	0,86
	Passivas	1,62	1,44	1,35	1,37	1,47	1,45	1,49	1,45	1,43	1,44	1,87	2,96
	Total	2,18	2,29	2,14	2,11	2,19	2,16	2,24	2,23	2,22	2,23	2,68	3,82
EUA	Ativas	0,19	0,17	0,17	0,17	0,16	0,15	0,14	0,13	0,13	0,13	0,18	0,16
	Passivas	0,24	0,21	0,28	0,48	0,50	0,37	0,27	0,24	0,24	0,30	0,82	1,00
	Total	0,43	0,38	0,45	0,65	0,66	0,52	0,41	0,37	0,37	0,43	1,00	1,16
Hungria	Ativas	0,38	0,40	0,38	0,46	0,50	0,00	0,30	0,30	0,28	0,27	0,27	0,45
	Passivas	0,59	0,55	0,46	0,37	0,36	0,36	0,37	0,39	0,36	0,36	0,37	0,53
	Total	0,97	0,95	0,84	0,83	0,86	0,36	0,67	0,69	0,64	0,63	0,64	0,98
Japão	Ativas	0,27	0,29	0,28	0,29	0,25	0,25	0,23	0,22	0,16	0,18	0,29	0,47
	Passivas	0,48	0,52	0,56	0,47	0,49	0,42	0,39	0,38	0,35	0,28	0,25	0,42
	Total	0,75	0,81	0,84	0,76	0,74	0,67	0,62	0,60	0,51	0,46	0,54	0,89
Reino Unido	Ativas	0,22	0,24	0,24	0,32	0,28	0,43	0,45	0,43	0,32	0,32	0,27	0,33
	Passivas	0,40	0,35	0,30	0,26	0,25	0,23	0,18	0,18	0,18	0,16	0,20	0,33
	Total	0,62	0,59	0,54	0,58	0,53	0,66	0,63	0,61	0,50	0,48	0,47	0,66
OECD*	Ativas	0,75	0,75	0,68	0,67	0,65	0,63	0,59	0,56	0,53	0,50	0,50	0,62
	Passivas	1,19	1,07	0,93	0,91	0,95	0,96	0,92	0,87	0,77	0,67	0,69	1,04
	Total	1,94	1,82	1,61	1,58	1,6	1,59	1,51	1,43	1,3	1,17	1,19	1,66

* Inclui todos os países-membros da OECD e não somente os desta tabela.

Algumas tendências emergem da observação da referida tabela:

No período considerado houve uma redução tanto nos gastos com PAMT, como nos gastos com PPMT, reduzindo-se, consequentemente, os gastos totais com estas políticas;

Tomando-se como referência a última informação publicada (2009), a média não ponderada dos gastos totais com ambas as políticas representa 1,66% do PIB, embora exista uma grande disparidade entre países: os gastos são maiores entre os países da União Europeia especialmente os países nórdicos, do que nos demais, inclusive a América do Norte. Se gasta mais com políticas passivas, cujo maior representante é o pagamento de benefícios (1,04%), do que com políticas ativas (0,62%);

Esta é uma constatação histórica: o gasto com as políticas passivas tem suplantado o gasto com políticas ativas, o que ocorre em praticamente todos os países da Organização, refletindo uma tendência internacional;

No conjunto dos países da OECD, tanto os gastos com PAMT quanto com as PPMT declinaram até 2008, quando ambas voltaram a crescer, em decorrência dos efeitos negativos da crise econômica sobre o mercado de trabalho;

Nações com mercado de trabalho mais flexível e de natureza mais negocial (EUA e Inglaterra) ou com pouca legislação trabalhista (Coreia e Japão), tendem a gastar menos com o conjunto dessas políticas do que países com forte *Welfare State*, como os escandinavos;

Países com tendência ao desemprego crônico, como a Espanha, gastam substancialmente mais com políticas passivas do que com as políticas ativas.

2.3. Tendências atuais das políticas de mercado de trabalho no cenário mundial

Desde 1994, com o lançamento da Jobs Strategy, a OECD tem enfatizado e adotado uma postura firme para mudar o foco de pagamento de benefícios para o estímulo às PAMT, não necessariamente no aumento dos gastos, mas, principalmente, em três outras frentes:

Melhorar o nível de integração entre estas políticas e o programa de seguro-desemprego;

Aumentar o grau de eficiência das políticas ativas, para o mesmo nível de gastos; e

Adotar medidas mais proativas visando promover maior "ativação" da busca de emprego de qualidade pelo trabalhador desempregado, isto é, encorajar e dar apoio ao desempregado para ele encontrar uma nova ocupação e elevar sua empregabilidade no longo prazo.

Estas reformas se concentraram num conjunto de áreas interconectadas entre as PAMT e as PPMT. De acordo com o OECD *Employment Outlook*, as estratégias adotadas pelos países da organização têm sido as seguintes[5]:

Intervenção imediata pelo SPE no momento do desemprego levando a um rápido e estreito contato entre aqueles procurando emprego e as agências de emprego;

Endereçamento direto dos desempregados às vagas oferecidas, evitando a perecibilidade delas, assim como a rápida recolocação do trabalhador;

Relatório permanente de acompanhamento das atividades de busca de trabalho pelo desempregado;

Monitoramento e acompanhamento permanente das ações de busca por trabalho;

Estímulo a acordos de retorno rápido ao trabalho e os planos de ações individuais desenvolvidos entre a empresa e o trabalhador;

Forte ênfase em testes e monitoramento da disponibilidade para o trabalho;

Participação compulsória de desempregados em ações ativas;

Introdução de parâmetros de mercado nos serviços públicos elevando o grau de competição das agências públicas de recolocação com as agências privadas;

Endereçamento do desempregado ou do demandante de emprego aos programas alternativos de mercado de trabalho (PAMT) buscando evitar desmotivação, deterioração de habilidades e a consequente redução da empregabilidade do trabalhador;

Adoção, ao nível de cada país, de uma classificação ocupacional uniforme a ser utilizada pelas empresas e pelo SPE.

---

(5) Ver OECD Employment Outlook (2007), Capítulo 5, em que apresentam-se inúmeras políticas praticadas pelos países para promover a "ativação" do desempregado visando sua recolocação no mercado de trabalho.

Desde que estas ações foram colocadas em prática, a partir de meados da década de 1990, inúmeros resultados positivos foram obtidos. Eles se refletem no fato de que as avaliações realizadas indicam que a integração das medidas ativas e passivas, combinadas com estreito monitoramento da busca por emprego, podem produzir bons resultados ao minimizar os efeitos de desincentivo ao trabalho, que reconhecidamente existem no pagamento de benefícios generosos de SD, como é o caso da maioria dos países com forte *Welfare State*.[6] De fato, as evidências empíricas são de que

> "a rise in spending on ALMPs of the size correponding to the 'historically typical' reform, reduces the adverse impact of unemployment benefits by about 20%." (OECD *Employment Outlook*, 2006. p 217).

Finalmente, a persistência da mudança de foco de pagamento de benéficos para as PAMT tem conduzido a um estreitamento da distância entre os gastos com essas políticas e os gastos com PPMT. Isto pode ser observado no **Gráfico 1** no qual a tendência histórica da diferença dos gastos com essas políticas se mostra declinante, ainda que seja muito influenciada pela evolução da taxa de desemprego. Ou seja, a maior eficiência das políticas ativas e o estímulo à ativação do desempregado na busca por emprego tem tido um impacto considerável nas taxas de reemprego do desempregado.

Este panorama baseado em fatos estilizados e estatísticas agregadas no âmbito da OECD serve de referência para avaliar a posição brasileira no cenário internacional das PAMT e PPMT, o que será feito em seguida.

3. Estágio atual das políticas de mercado de trabalho no Brasil

Embora revelando um crescimento tardio, o Brasil já dispõe de políticas voltadas para o mercado de trabalho nos moldes verificados no resto do mundo. Os gastos com essas políticas não diferem de países com desenvolvimento semelhante, e mesmo de países com mercados de trabalho assalariado já consolidado, mas elas padecem de males que promovem a ineficiência (baixo retorno por R$ aplicado) e ineficácia (má focalização com relação ao público-alvo). Elas não são bem administradas e não se articulam como deveriam.

O **Quadro 2** reúne as principais políticas ativas e passivas hoje praticadas no Brasil, sobre as quais se apresenta um sumário de sua evolução histórica.

---

(6) Consultar o documento OECD *Employment Outlook* (2006), em que há um capítulo que contém uma análise quantitativa do impacto das PAMT e PPMT no âmbito da organização.

Quadro 2
Brasil: Principais Políticas de Mercado de Trabalho; 2011

Nome / Ano do Início	Área de atuação	Descrição das atividades	OECD *
Políticas Ativas			
Sistema Nacional de Emprego (SINE) (1975)	Intermediação de mão de obra; informações para o mercado de trabalho.	Capacitação de vagas nas empresas e encaminhamento de trabalhadores em busca de emprego; gerar dados e estatísticas para formulação de políticas públicas; aconselhamento vocacional.	1
Plano Nacional de Qualificação (PNQ) (2003)	Formação e qualificação profissional.	Oferta de cursos de qualificação profissional para trabalhadores desempregados ou em risco de desemprego e para micro e pequenos empreendedores.	2
Programa de Geração de Emprego e Renda (PROGER) (1994)	Geração de emprego, renda e trabalho.	Concessão de crédito e apoio técnico às micro e pequenas empresas, cooperativas e trabalhadores autônomos, por meio da rede de bancos oficiais.	5.2; 5.3
Programa Primeiro Emprego (2003)	Primeiro emprego para população jovem.	Promoção do ingresso do trabalhador jovem no mundo do trabalho por meio de qualificação profissional; estímulo financeiro às empresas contratantes, parceiros para contratação de aprendizes e apoio à constituição de empreendimentos coletivos para jovens.	3
Economia Solidária (2003)	Fomento à economia solidária.	Apoio à formação e divulgação de redes de empreendimentos solidários, pelo fomento direto, mapeamento direto, mapeamento das experiências e constituição das incubadoras.	-
Programa Nacional de Microcrédito Produtivo Orientado (2004)	Geração de emprego e renda para microempreendedores populares.	Oferta de microcrédito produtivo orientado; apoio técnico às instituições de microcrédito produtivo orientado; prestação de serviços aos empreendedores populares.	5.2
Políticas Passivas			
Programa de Seguro-Desemprego (1986)	Assistência ao trabalhador desempregado.	Promove assistência financeira temporária aos trabalhadores desempregados, em virtude de dispensa sem justa causa.	7
Programa de Demissão Voluntária (PDV)/Plano de Aposentadoria Incentivada (PAI) (1996)	Aposentadoria antecipada (setor público e setor privado).	Instrumento utilizado pelas empresas privadas e estatais visando redução do quadro de pessoal e racionalização dos custos de mão de obra.	10

Fonte: Elaboração do autor com base em Chahad (2009) e IPEA (2007).
*Número de referência no Quadro 1 identificando política semelhante no âmbito da OECD.

3.1. Evolução histórica das políticas de mercado de trabalho brasileiro[7]

3.1.1. As políticas ativas

No campo das **PAMT,** no início da década de 1990, a única real experiência brasileira era representada pelo **Sistema Nacional de Emprego (SINE)**, instituído pelo Decreto n. 70.403, de 8 de outubro de 1975. As ações do SINE consistem em atividades visando à inserção produtiva dos trabalhadores e dos desempregados no mercado de trabalho. Para isso desempenha ações concernentes à intermediação da mão de obra; de apoio aos desempregados; geração de informações sobre o mercado de trabalho; e aconselhamento sobre a formação e qualificação profissional da força de trabalho. Sua concepção fundamentou-se na Convenção n. 88 da OIT, sobre Serviços de Emprego, e, por essa razão, se assemelha bastante ao que se verifica no resto do mundo. Ele pode ser considerado o embrião de um SPE adaptado aos padrões nacionais.

O fato decisivo favorável ao financiamento e à adoção das PAMT no Brasil ocorreu no início da década de 1990 quando o poder legislativo brasileiro dedicou-se a regulamentar os preceitos da Constituição de 1988 relativos ao SD, os quais seriam definitivamente incorporados ao ordenamento jurídico, econômico e social do País. Nesta direção aparece a regulamentação da Lei n. 7.998/90, criando o FAT. Esta Lei definiu uma fonte financeira sólida para o pagamento do benefício, assim como uma inovadora forma de gestão para os padrões brasileiros, envolvendo, de forma tripartite e paritária, o Estado, os empregadores e os trabalhadores, constituindo o Conselho Deliberativo do Fundo de Amparo ao Trabalhador (CODEFAT).

Contudo, nos seus primórdios, apesar de os recursos desse fundo se destinarem apenas ao pagamento do benefício do SD, seus recursos eram abundantes, excedendo o necessário para pagar benefícios correspondentes aos padrões e características do desemprego brasileiro. Visando ampliar a utilização dos recursos do FAT, o Governo Federal fez passar no Congresso Nacional a Lei n. 8.352/91, que deu origem aos chamados "depósitos especiais remunerados", que deveriam estar imediatamente disponíveis para serem movimentados pelas instituições financeiras oficiais.[8]

---

(7) O leitor interessado em conhecer mais detalhes da evolução histórica das políticas de mercado de trabalho no Brasil deve consultar, entre outras, as seguintes referências: Chahad (2009), IPEA (2006) e Azeredo (1998). Conforme já mencionado, para efeitos deste artigo nos limitaremos àquelas políticas que são financiadas pelos recursos do FAT.
(8) Para evitar a descapitalização do FAT, e garantir a não interrupção do pagamento de benefícios aos desempregados, esta Lei criou, também, a chamada *reserva mínima de liquidez*. Estes empréstimos especiais passaram então a financiar outras áreas, além da área trabalho *stricto sensu*, como, por exemplo, a safra agrícola, a área da saúde, a seca no Nordeste, a expansão do crédito popular, entre outras.

A partir de então o FAT passou a se constituir numa fonte segura e permanente de recursos financeiros para as políticas de mercado de trabalho no Brasil, tanto ativas quanto passivas. Resolveu-se assim o problema de descontinuidade de fluxos de recursos que atingia a formulação das políticas ativas, desde que elas se tornaram fundamentais como mecanismo de compensação dos desequilíbrios provocados pelas políticas macroeconômicas do governo federal. Duas áreas se beneficiaram com a possibilidade de utilização dos recursos do FAT: a oferta de crédito às pequenas empresas e a formação e treinamento profissional.

Com relação à oferta de crédito surge o Programa de Geração de Emprego e Renda (Proger), implantado por meio da Resolução n. 59, de 25.3.1994, do CODEFAT. Seu principal objetivo foi oferecer uma alternativa de crédito aos desempregados sem acesso a outras fontes e aos trabalhadores que pretendem constituir pequenos empreendimentos. Tão logo esta resolução entrou em vigência, rapidamente foram criados programas e linhas de créditos para o financiamento de projetos em áreas urbanas (**Proger-urbano**), para as regiões agrícolas e rurais (**Proger-rural**), e para fornecer apoio financeiro ao pequeno empreendimento agrícola e familiar (**Pronaf**), entre outros.[9]

O FAT revelou-se ainda um valioso manancial de recursos também para políticas voltadas para o treinamento e a formação de recursos humanos do tipo *lifelong learning*. Com o desenvolvimento econômico do país, as ações do sistema "S" ficaram muito defasadas e muito aquém das necessidades crescentes do sistema produtivo nacional. Isto tanto em termos da quantidade, como em termos do novo perfil de mão de obra imposto pela rapidez da resposta às exigências da demanda face à velocidade das transformações nos processos produtivos e organizacionais.

Diferente de outras políticas no Brasil, o treinamento profissional tem sofrido muita descontinuidade e, após o FAT, passou por dois momentos diferentes. O primeiro momento foi quando se implantou, em 1995, o Plano Nacional de Qualificação Profissional (PLANFOR), uma política ambiciosa visando treinar 5,0% da força de trabalho a cada ano. Tinha também os seguintes objetivos; (i) aumentar a probabilidade de obtenção de trabalho e de geração ou elevação de renda, reduzindo os níveis de desemprego e subemprego; (ii) ampliar as chances de

---

[9] A expansão dos gastos do FAT com as políticas de crédito não se restringiu ao apoio ao micro, pequeno e médio produtor, voltando também para empreendimentos de maior porte, com alto potencial de criação de empregos e melhoria da qualidade de vida do trabalhador (Proemprego). Uma vertente desse programa, voltou-se para o Nordeste do Brasil, e ao norte do Estado de Minas Gerais, regiões pobres e com grande contingente de desempregados e trabalhadores informais (Protrabalho). Outros programas de igual natureza e abrangência foram sendo criados desde a instituição do Proger. Atualmente existem programas cobrindo quase todo espectro setorial, muitos deles inoperantes. Ver, Chahad e Cacciamali (2009).

permanência no mercado de trabalho, reduzindo os riscos de demissão e as taxas de rotatividade; e (iii) elevar a produtividade, a competitividade das empresas e renda dos trabalhadores.

O segundo momento das políticas de treinamento vocacional foi em 2003, quando o PLANFOR foi substituído pelo Plano Nacional de Qualificação (**PNQ**). Ele foi instituído pela Resolução n. 333/2003 do CODEFAT, prevendo o aumento do monitoramento e controle de suas ações, estabelecimento de carga horária mínima, prioridade em cursos de longa duração, maior importância da certificação ocupacional e desenvolvimento de metodologias de qualificação de mão de obra, e, principalmente, um esforço maior de integração com outras políticas ativas e passivas. A concepção do PNQ avançou por caminhos diversos do seu antecessor, buscando preencher lacunas como inclusão social, carências educacionais, direito à cidadania, participação comunitária e outras que vão além do treinamento vocacional.

Ainda dentro do campo das PAMT, mais recentemente, em 2003, surgiram dois novos programas, como parte das ações de governo, que podem ser identificados como próximos de políticas ativas. O primeiro é o **Programa Primeiro Emprego** destinado à inserção no mercado de trabalho de jovens de baixa renda, entre 16 e 24 anos de idade, com pouca escolaridade. Existe prioridade para indivíduos nesta situação que sejam afrodescendentes, tenham algum tipo de dificuldade, ou se encontrem em conflito com a lei. O outro programa, **Economia Solidária**, busca atender um segmento específico da força de trabalho constituído pelos trabalhadores que administram seu próprio empreendimento (incubadoras e redes de solidariedade).

Temos, por fim, o **Programa Nacional de Microcrédito Produtivo Orientado** (PNMPO), lançado em 2004, em substituição ao Programa de Crédito Produtivo Popular (PCPP) que era operado pelo BNDES, cujo objetivo era formar uma rede privada de instituições capaz de financiar os pequenos empreendimentos. A filosofia anterior permaneceu, mas foi adicionada mais uma fonte de recursos: parte dos depósitos de reserva compulsória do Banco Central, um recurso mais barato que o FAT.

3.1.2. As políticas passivas

O pagamento do SD aos desempregados pode ser considerado a única política passiva em vigor no mercado de trabalho brasileiro que segue padrões internacionalmente conhecidos. Embora já se esbocem programas de aposentadoria compulsória, bem como programas educacionais voltados à postergação da entrada dos jovens na força de trabalho, sua abrangência e a inexistência de estatísticas dessas ações, limitam a inclusão das mesmas no rol das políticas passivas.[10]

A primeira menção do SD aconteceu na Constituição de 1946 ainda que de "forma simplesmente programática", pois "referia-se à assistência aos desempregados". A partir da Constituição de 1967, e da Emenda Constitucional n.1 de 1969, o SD passou à categoria de modalidade expressa da Previdência Social brasileira, no "Título III — Da Ordem Econômica e Social". A consolidação do SD como matéria indispensável de amparo e assistência aos trabalhadores surgiu na Constituição de 1988. Ele aparece explicitamente no item II, do art. 7º dos "Direitos Sociais", o qual integra o "Título II — Dos Direitos e Garantias Fundamentais". Por excesso de zelo, aparece novamente no Título VIII, "Da Ordem Social", Capítulo II, "Da Seguridade Social", Seção III, "Da Previdência Social", art. 201, como integrante dos planos de Previdência Social.

Apesar de figurar como um Preceito Constitucional por quarenta anos, este benefício somente passou a integrar definitivamente o rol das políticas de proteção aos desempregados com o Decreto-Lei n. 2.284, de 10.3.1986, cujo objetivo central foi propor um plano de estabilização de preços (Plano Cruzado). O desenho proposto naquele decreto contemplou os requisitos contidos nos programas existentes no cenário internacional, tendo por finalidade prover assistência temporária aos trabalhadores do setor privado involuntariamente desempregados.[11]

Entretanto ele somente se firmou a partir da Lei n. 7.998/90, que regulamentou (consolidando itens anteriores) todas as proposições constitucionais. Dentre seus méritos, esta Lei foi a que constituiu, de fato, um fundo autônomo voltado para o financiamento do SD, o FAT, de natureza contábil e proveniente da arrecadação do PIS e do PASEP. A legislação que se seguiu até os dias atuais contemplou, regra geral, a Lei n. 7.998/90 como referencial, adaptando-a e/ou modificando seu conteúdo, visando atender determinadas situações específicas.

---

(10) Além do SD o Brasil conta com outro mecanismo bastante abrangente de proteção social aos desempregados: o Fundo de Garantia do Tempo de Serviço (FGTS), uma indenização compulsória (*severance payment*) que deve ser paga ao trabalhador demitido sem justa causa, nos moldes propostos pela OIT. Esta indenização foi criada pela Lei n. 5.107, de 13.9.1966, vindo em substituição, na prática, ao antigo regime de indenização ao empregado pela rescisão do seu contrato de trabalho então vigente. Até então a CLT, em seu artigo 478, estabelecia que o trabalhador dispensado da empresa sem justa causa, seria indenizado na base de um salário por ano trabalhado. Caso ele permanecesse mais de 10 anos na mesma empresa se tornaria estável, só podendo ser demitido caso cometesse falta grave ou por motivo de força maior (artigo 492). Por se tratar de uma indenização compulsória e não um benefício o FGTS não é considerado uma política passiva.
(11) Ver o relatório elaborado para o então Ministério do Trabalho por Chahad e Macedo (1985), o qual foi utilizado pelo Governo Federal como referência para a adoção do seguro-desemprego no Brasil, quando da edição do Decreto-Lei adotando o Plano Cruzado.

3.2. A DIMENSÃO DAS POLÍTICAS BRASILEIRAS DE MERCADO DE TRABALHO[12]

A **Tabela 2** mostra a evolução das principais políticas ativas e passivas em operação no país. Ela contempla o período iniciado em 1995, imediatamente após a consolidação do FAT como fonte de financiamento destas políticas, até os dias atuais (2010). Neste período, em média, o governo gastou cerca de 1,0% do PIB para proteger os desempregados e melhorar o desempenho do mercado de trabalho, uma cifra que se encontra dentro dos padrões internacionais, conforme veremos adiante.

---

(12) Somente as políticas ativas no âmbito do FAT serão consideradas para efeitos da avaliação quantitativa que se segue. Deve-se reconhecer a importância dos gastos do Sistema "S" no caso da qualificação profissional, mas sua incorporação a esta análise requer mais tempo, e maior facilidade de acesso às informações existentes. Ademais, os gastos com treinamento vocacional do sistema "S", ainda que importantes para a formação de recursos humanos e qualificação da mão de obra no mercado de trabalho brasileiro, não representam políticas ativas como estas são tradicionalmente entendidas. Outro benefício não incluído aqui se refere ao abono salarial, e que hoje integra o programa de seguro-desemprego. Trata-se de um benefício pago uma vez ao ano a todo trabalhador brasileiro, desempregado ou não, não estando associado a qualquer ação de emprego do indivíduo. Não se caracteriza, pois, como um benefício típico do conjunto das políticas passivas, também não é uma indenização ao trabalhador.

Tabela 2

Brasil: Gastos com Políticas Ativas e Passivas no Mercado de Trabalho; 1995/2010

	1995	1996	1997	1998	1999	2000	2001	2002	2003	2004
I. Políticas Ativas										
1. Intermediação da Mão de Obra (SINE)	225,8	69,6	81,9	130,4	138,7	264,7	277,5	177,7	102,2	109,1
2. Qualificação e Treinamento Profissional	46,8	673,1	856,2	928,4	955,1	1.063,8	1.069,8	290,3	68,4	100,2
3. Programas de Geração de Emprego e Renda (3.1+3.2+3.3)	757,1	4.185,3	4.071,9	3.638,0	4.218,4	5.843,2	4.655,0	6.930,7	8.167,7	12.095,3
3.1. PROGER Urbano	173,3	438,6	526,7	407,0	489,0	973,0	857,5	1.207,2	2.556,7	4.544,0
3.2. Área Rural	505,6	1.271,1	2.224,6	1.856,1	1.786,8	1.909,4	1.730,5	2.182,6	1.569,6	1.037,9
3.3. Outros Programas	78,2	2.475,6	1.320,6	1.374,9	1.942,6	2.960,8	2.067,0	3.540,9	4.041,4	6.513,4
4. Total das Políticas Ativas (1+2+3)	**1.029,7**	**4.928,0**	**5.010,0**	**4.696,8**	**5.312,2**	**7.171,7**	**6.002,3**	**7.398,7**	**8.338,3**	**12.304,6**
5. (4) como % do PIB	0,15%	0,58%	0,53%	0,48%	0,50%	0,61%	0,46%	0,50%	0,49%	0,63%
II. Políticas Passivas										
6. Seguro-Desemprego	2.903,4	3.316,5	3.461,8	4.070,0	3.861,1	4.090,3	4.851,8	5.752,6	6.710,4	7.193,6
7. (6) como % do PIB	0,41%	0,39%	0,37%	0,42%	0,36%	0,35%	0,37%	0,39%	0,39%	0,37%
III. Total										
8. Total das Políticas no Mercado de Trabalho	3.933,1	8.244,5	8.471,8	8.766,8	9.173,3	11.262,0	10.854,1	13.151,3	15.048,7	19.498,2
9. Total das Políticas no Mercado de Trabalho como % do PIB(5+7)	0,56%	0,98%	0,90%	0,90%	0,86%	0,95%	0,83%	0,89%	0,89%	1,00%

Tabela 2

Brasil: Gastos com Políticas Ativas e Passivas no Mercado de Trabalho; 1995/2010 (R$ milhões)

	2005	2006	2007	2008	2009	2010	TOTAL
I. Políticas Ativas							
1. Intermediação da Mão de Obra (SINE)	113,1	117,3	115,0	111,4	103,6	70,3	2.208,3
2. Qualificação e Treinamento Profissional	113,5	106,9	99,2	150,1	171,4	146,6	6.839,8
3. Programas de Geração de Emprego e Renda (3.1+3.2+3.3)	21.559,6	25.054,2	20.495,6	16.703,4	10.843,5	8.117,7	157.336,6
3.1. PROGER Urbano	6.196,4	7.354,6	6.916,2	6.884,0	3.475,6	2.684,4	45.684,2
3.2. Área Rural	2.625,5	4.427,8	2.388,7	1.144,2	177,0	205,4	27.042,8
3.3. Outros Programas	12.737,7	13.271,8	11.190,7	8.675,2	7.190,9	5.227,9	84.609,6
4. Total das Políticas Ativas (1+2+3)	**21.786,2**	**25.278,4**	**20.709,8**	**16.964,9**	**11.118,5**	**8.334,6**	**166.384,7**
5. (4) como % do PIB	1,01%	1,07%	0,78%	0,56%	0,35%	0,23%	0,56%
II. Políticas Passivas							
6. Seguro-Desemprego	9.006,8	10.674,2	12.992,4	14.682,7	19.686,8	21.134,3	134.388,7
7. (6) como % do PIB	0,42%	0,45%	0,49%	0,48%	0,62%	0,58%	0,43%
III. Total							
8. Total das Políticas no Mercado de Trabalho	30.793,0	35.952,6	33.702,2	31.647,6	30.805,3	29.468,9	300.773,4
9. Total das Políticas no Mercado de Trabalho como % do PIB (5+7)	1,43%	1,52%	1,27%	1,04%	0,97%	0,80%	0,99%

Fonte: MTE — Boletim de Informações Financeiras do Fundo de Amparo ao Trabalhador (vários anos); FIBGE; CGSDAS/DES/SPPE/MTE; CPROGER — Contratações Realizadas nos Exercícios de 1995 a 2010. Elaboração do autor.

3.2.1. Gastos com PAMT

Neste período o dispêndio com políticas ativas passou de R$ 1,0 bilhão para R$ 5,2 bilhões. Este crescimento esconde grandes oscilações nesses gastos, haja vista que em 2006 eles chegaram a R$ 25,3 bilhões, uma cifra nada desprezível qualquer que seja o critério de comparação. Esse comportamento se encontra fortemente influenciado pela evolução dos gastos com a oferta de crédito realizada pelo Proger, que em 2006 atingiu o montante de R$ 25,1 bilhões, canibalizando praticamente as demais PAMT no cenário brasileiro. Nesse ano, as políticas ativas em relação ao PIB atingiram seu pico com a cifra de 1,1%.

O vigoroso crescimento do Proger se fez com a redução drástica dos gastos com as demais políticas. No caso do SINE, os gastos com essa política nunca foram altos relativamente ao demais, e, em 2010, não foram mais do que R$ 70,3 milhões, o que representa uma cifra desprezível para o tamanho, complexidade e funcionamento do mercado de trabalho brasileiro.

Com relação aos programas de treinamento e qualificação profissional, embora tenham elementos atenuantes, a situação não é melhor, sendo igualmente dramática. O elemento atenuante é que nos primórdios da destinação dos recursos do FAT para essa política, os gastos com treinamento cresceram vertiginosamente, e, se padeceu de muita ineficiência, ao menos despertou a sociedade para a necessidade de se investir neste tipo de gasto. O elemento dramático vem por conta da forte redução ocorrida após 2002, quando a título de rever o programa o governo federal foi, aos poucos, diminuindo paulatinamente os gastos com qualificação e treinamento profissional. Essa forte oscilação nada mais representa do que a falta de identidade para esse tipo de programa no caso brasileiro: ora se gasta muito e sem critério (PLANFOR) ora não se gasta pelo excesso de critérios (PNQ).

3.2.2. Os gastos com PPMT

Como vimos, o programa de SD representa a única política passiva expressiva no mercado de trabalho brasileiro. Entre 1995 e 2010 uma parcela equivalente a 0,43% do PIB foi destinada, por ano, para pagar os benefícios do programa. Nesse último ano o dispêndio com essa política foi de R$ 21,1 bilhões, uma cifra relativamente alta. Deve-se notar que, a partir de 2008, os gastos com benefícios superam o total de gastos com PAMT. Isto se deve a dois fatores: redução drástica nos gastos com a oferta de microcrédito, por causa do enxugamento do Proger, e elevação contínua dos gastos com SD.

Esta última constatação revela uma situação paradoxal. Em princípio, o aumento dos gastos com benefícios não é desejável, uma vez que representa uma situação de piora do mercado de trabalho. Mas, nesse caso, essa elevação ocorre concomitantemente com um quadro de expansão do emprego. Esse paradoxo deve-se ao fato de que o pagamento do benefício contempla somente os trabalhadores do mercado formal, o segmento que tem comandado o crescimento do emprego. Com isso, aumenta-se o contingente de trabalhadores elegíveis para o SD, o que, num mercado de trabalho caracterizado por altas taxas de rotatividade, tende a elevar os gastos com o SD, mesmo num contexto favorável.

Finalmente, observa-se que, diferentemente do ocorrido com as PAMT, não houve grandes oscilações nos gastos com SD sendo que seu montante dispendido cresce continuamente. Isto se explica em decorrência do permanente aumento da força de trabalho acompanhada do crescimento da formalização do emprego assalariado, o que eleva o contingente de trabalhadores elegíveis e aptos a receberem o benefício, conforme já mencionado.

Em síntese, a evolução dos gastos com políticas voltadas para o mercado de trabalho com relação ao PIB brasileiro, mostrada no Gráfico 2, indica que:

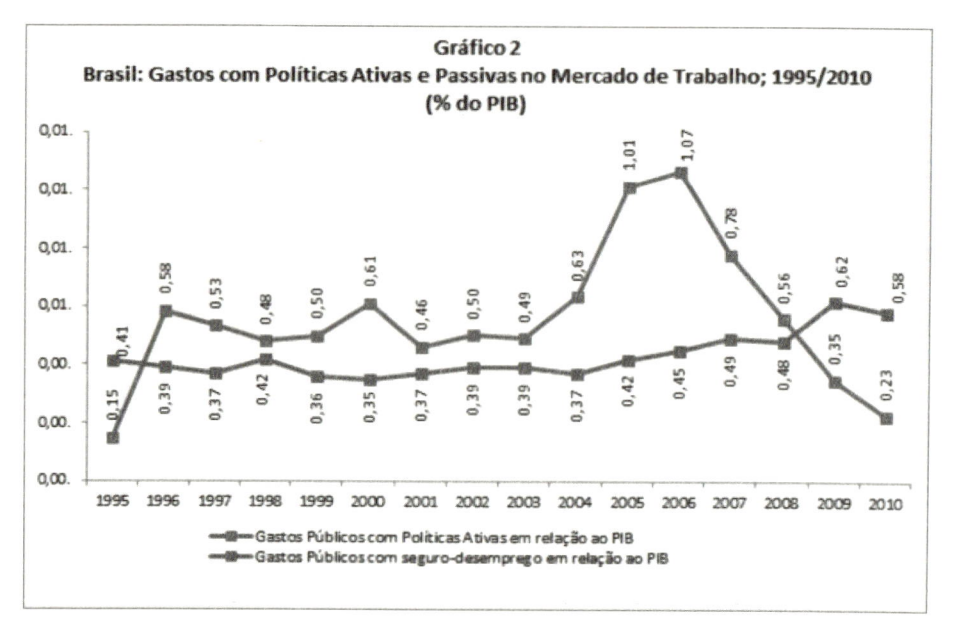

Gráfico 2
Brasil: Gastos com Políticas Ativas e Passivas no Mercado de Trabalho; 1995/2010
(% do PIB)

Ano	Gastos Públicos com Políticas Ativas em relação ao PIB	Gastos Públicos com seguro-desemprego em relação ao PIB
1995	0,41	0,15
1996	0,58	0,39
1997	0,53	0,37
1998	0,48	0,42
1999	0,50	0,36
2000	0,61	0,35
2001	0,46	0,37
2002	0,50	0,39
2003	0,49	0,39
2004	0,63	0,37
2005	1,01	0,42
2006	1,07	0,45
2007	0,78	0,49
2008	0,56	0,48
2009	0,62	0,35
2010	0,58	0,23

Fonte: MTE — Boletim de Informações Financeiras do Fundo de Amparo ao Trabalhador (vários anos); FIBGE. Elaboração do autor.

Tanto as políticas ativas quanto as passivas apresentam uma relativa estabilidade ao longo do tempo, exceto no período 2004-2007, quando houve vultosos gastos com as PAMT. Trata-se de uma ocorrência atípica em razão da proliferação e pulverização da oferta de crédito do Proger, que passou a ser concedido mais por injunções políticas do que por critérios técnicos ou de necessidade social.

Os gastos com as PAMT foram maiores do que os gastos com o SD até 2008. Após este ano ocorre uma inversão e passa-se a gastar mais com o pagamento de benefícios aos desempregados. Isto se explica pelo grande avanço da formalização do trabalho e pela forte descontinuidade imposta aos gastos do Proger.

As PPMT, além de mais estáveis, vêm crescendo paulatinamente sem maiores oscilações, enquanto as PAMT apresentam grandes oscilações conforme já apontado, em decorrência da utilização de critérios políticos em sua distribuição.

3.3. UMA AVALIAÇÃO SUCINTA DAS *PAMT* E *PPMT* NO BRASIL

Esta seção enfoca de forma resumida aquilo que já conhecemos em relação ao funcionamento dessas políticas no caso brasileiro. Mesmo não tendo a tradição de acompanhar, monitorar e avaliar políticas, já se dispõe de informações suficientes para tirar conclusões sobre como elas têm se comportado (CHAHAD, 2009).

A política de **intermediação de mão de obra**, por intermédio do SINE, ainda padece de uma intervenção isolada do Estado em todas as etapas da oferta de serviços. Por um lado, se a atuação oficial garante alguma igualdade no acesso, por outro parece ser uma fonte de ineficiência típica do setor público. Considerando a cadeia de eventos que existe na recolocação do trabalhador (captação da vaga, cadastramento do desempregado, adequação da vaga ao trabalhador e encaminhamento do selecionado às empresas), a dificuldade central está na ineficiência oficial na etapa do encaminhamento do trabalhador. O Gráfico 3 traz a evolução dos indicadores de desempenho do SINE entre 1996 e 2010.

Gráfico 3
Brasil: Indicadores de Desempenho do SINE - 1996-2010
(%)

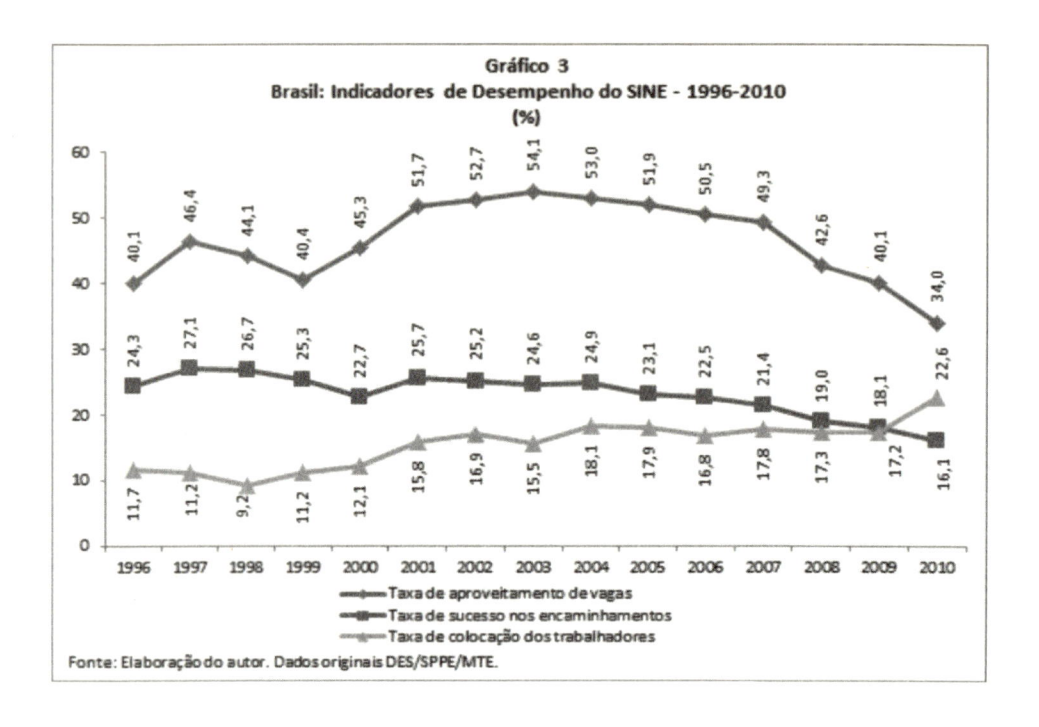

Ano	Taxa de aproveitamento de vagas	Taxa de sucesso nos encaminhamentos	Taxa de colocação dos trabalhadores
1996	40,1	24,3	11,7
1997	46,4	27,1	11,2
1998	44,1	26,7	9,2
1999	40,4	25,3	11,2
2000	45,3	22,7	12,1
2001	51,7	25,7	15,8
2002	52,7	25,2	16,9
2003	54,1	24,6	15,5
2004	53,0	24,9	18,1
2005	51,9	23,1	17,9
2006	50,5	22,5	16,8
2007	49,3	21,4	17,8
2008	42,6	19,0	17,3
2009	40,1	18,1	17,2
2010	34,0	22,6	16,1

Fonte: Elaboração do autor. Dados originais DES/SPPE/MTE.

A *taxa de aproveitamento de vagas* do SINE indica o grau de 'satisfação' do empregador, avaliada pelo preenchimento de uma vaga anunciada. Ela pode ser considerada baixa e com um comportamento declinante, especialmente a partir de 2003, refletindo um relativo abandono desta política. Uma das razões do baixo valor desta taxa parece ser a estratégia inadequada de captação das vagas junto às empresas que tem se revelado, posteriormente, incompatível com o perfil do trabalhador desempregado. Outra razão tem sido as dificuldades de patrões e empregados em negociarem as condições iniciais de um novo contrato de trabalho, frente às informações fornecidas pelo SINE.

Finalmente, temos um descompasso entre a ocupação que é oferecida e o que se tenta recolocar, na medida em que as empresas não utilizam a Classificação Brasileira de Ocupações (CBO) para definir as vagas e o corpo técnico das agências do SINE não é suficientemente treinado para isso. Ademais, tendo em vista a precariedade das instalações de suas agências e a falta de recursos humanos com qualidade, a cadeia de recolocação nunca foi bem exercida na fase de encaminhamento do trabalhador desempregado.

O **treinamento profissional e vocacional** ainda está em busca de sua identidade. Esta dificuldade, associada à qualidade ruim do ensino formal, resulta em uma força de trabalho pouco qualificada diante dos desafios da globalização.

A primeira tentativa de deslanchar o treinamento profissional, em termos amplos, veio com o antigo **Planfor**, que fracassou nos critérios de seleção de cursos e na escolha da clientela a ser atendida. Pela concepção daquele plano, a seleção dos cursos obedecia às demandas locais, captadas pelas Comissões de Emprego. Posteriormente, os cursos escolhidos eram entregues a um conjunto de entidades executoras que estruturavam a oferta, mas a busca de treinandos fracassava em decorrência da falta de uma divulgação adequada. Para justificar a oferta dos cursos, as entidades executoras preenchiam as vagas disponíveis criando sua própria demanda o que distorcia o público-alvo.

Como consequência deste processo, apareciam duas falhas graves. Pelo lado da demanda, a escolha dos treinandos não garantia a igualdade de oportunidades no acesso ao programa. Em decorrência da divulgação limitada da oferta de cursos é muito possível que trabalhadores com as mesmas necessidades tivessem acesso diferenciado ao treinamento. A outra distorção vinha do lado da oferta, pela omissão em tomar as preferências dos trabalhadores com relação ao seu treinamento profissional, o que era agravado pela dificuldade do mercado em prever estas preferências.

O Planfor foi substituído pelo **PNQ**, estabelecido em bases excessivamente amplas, se revelando mais ambicioso que seu antecessor. Seu desenho procurou ir muito além da oferta de treinamento profissional para adaptar o perfil da força de trabalho às necessidades da demanda do setor produtivo, seja combatendo o desemprego estrutural, ou ainda em decorrência das necessidades de mão de obra qualificada decorrente da globalização. Procurou-se, também, avançar em outras áreas sociais, culturais, e principalmente, educacionais. Esse aspecto exigiu dos formuladores dessas políticas um grande entendimento e esforço para não haver sobreposição de tarefas, acúmulo de funções, dualidade de comando, e outras ineficiências que o seu antecessor, o Planfor, apesar de limitado e com reconhecidas falhas, não cometia. Mas também parece ter fracassado quando se observa, na Tabela 2, a forte queda dos gastos com a qualificação e treinamento profissional. Esse programa persiste até hoje, mas sem empolgar como programa de treinamento profissional.

A principal limitação específica da política de microcrédito oferecido pelo **Proger** é bem conhecida. Ela diz respeito às dificuldades em se identificar e dar acesso à oferta de crédito, com taxas de juros razoáveis, aos mais pobres numa economia em desenvolvimento, em que ocorre escassez de crédito e se praticam altas taxas de juros. Como a concessão do crédito a estes indivíduos é fundamental para o exercício de sua atividade, a questão crucial é identificar claramente aqueles que têm condições reais de sair da pobreza com a utilização deste instrumento.

Outra dificuldade diz respeito ao tipo de linha de crédito que deve ser privilegiada. Ou seja, até que ponto a abertura de linhas de crédito para itens como capital de giro e consumo pode contribuir para que se atinjam os objetivos de criação de emprego e renda e promovam mais inclusão social. O financiamento do investimento tradicional tende a ter um impacto maior e mais duradouro sobre o emprego, mas numa conjuntura econômica em recessão, a demanda por investimento tende a ser retrair e a falta de capital de giro pode comprometer a existência do empreendimento e consequentemente, da manutenção dos postos de trabalho.

Muito embora tenha representado um avanço sob a ótica da geração de emprego e renda, o surgimento do Proger pode se considerado como um relativo avanço como política ativa no mercado de trabalho, mas sua forma de criação, velocidade e falta de critérios de acompanhamento, monitoramento e avaliação têm sido elementos de crítica. A instabilidade nos gastos com tal programa, refletida na Tabela 2, se deve principalmente às ingerências de caráter político e/ou de favorecimento a grupos, levando-se à conclusão de que, ainda que tais programas representem uma expressiva injeção de crédito, o programa hoje se constitui num conjunto confuso de linhas de financiamento, algumas superpostas. Consequentemente, essa proliferação de linhas de financiamento obscurece a alocação de recursos do FAT, dado o amplo leque de ramos de atividade abrangidos, o que dificulta a avaliação de desempenho do Proger.[13]

Com respeito à avaliação das políticas passivas, as evidências mostram que o SD já se encontra totalmente consolidado como instrumento de política pública. As cifras do ano de 2010 revelam isto: 8,0 milhões de segurados; R$ 21,1 bilhões de gastos, o que representa 0,58% do PIB; e valor médio do benefício de 1,26 SM. São números equivalentes aos verificados no cenário internacional. Uma avaliação de seu funcionamento indica, contudo, a existência de muitos problemas:

> (a) A demanda pelo benefício depende pouco do desemprego em si e mais da formalização do emprego e da rotatividade de mão de obra;
>
> (b) Existe um acesso crescente de jovens e de trabalhadores com melhores rendas em segmentos não elegíveis para este tipo de benefício;
>
> (c) Existem efeitos perversos no pagamento do benefício em razão da existência de um amplo setor informal;
>
> (d) Acúmulo de pagamentos de benefícios ou indenizações (FGTS, aviso--prévio) pelo término da relação de emprego protela o reemprego e financia a informalidade;

---

(13) Ver, entre outros, IPEA (2007), Passos e Costanzi (2002) e Chahad e Cacciamali (2009).

(e) Não há uma adequada integração entre o SD e as PAMT. O programa brasileiro paga o benefício sem qualquer outra ação de emprego, um expediente que tende a transformar o seguro-desemprego num direito adquirido de se receber todas as parcelas que são devidas ao desempregado; uma verdadeira "indenização compulsória".

4. AS POLÍTICAS DE MERCADO DE TRABALHO BRASILEIRAS À LUZ DO CENÁRIO INTERNACIONAL

Esta seção é dedicada a fazer uma comparação sucinta entre as políticas ativas e passivas praticadas no Brasil e aquelas existentes no cenário internacional. Esta comparação é útil por duas razões: a primeira refere-se em saber se estamos num patamar que nos coloca em padrão internacional; a segunda porque precisamos saber das boas práticas em outros países para, ao adotá-las, aumentarmos a eficiência (bom uso dos recursos) e a eficácia (focalização correta da politica).

Ao observarmos o Quadro 2 veremos que o Brasil já dispõe de um arsenal de políticas de mercado de trabalho muito semelhante àquele praticado internacionalmente, descrito no Quadro 1.[14] Se este fato deve ser visto como bastante positivo, deve-se, entretanto, mencionar que isto nada nos diz sobre uma eventual comparação de eficiência. Mas, diante desta semelhança de políticas, sabemos que temos que batalhar mais para equiparar padrões de eficiência do que adotar novas políticas. Uma boa parte do caminho já foi percorrida.

Observando-se o Gráfico 4, contendo uma comparação entre o Brasil e a OECD dos dispêndios com o conjunto das políticas no mercado de trabalho, verifica-se que, entre 1998 e 2009:

> O nível de gastos totais é maior na média mundial (representado pelos países da OECD) do que no Brasil, à exceção dos anos 2005-2007, quando o governo brasileiro gastou freneticamente com a oferta de crédito por meio dos programas de geração de emprego e renda;
>
> A tendência internacional tem sido de queda nos gastos entre 1998 e 2009, enquanto no Brasil estes gastos apresentam uma tendência contínua ao crescimento; e

---

(14) Observando-se o Quadro 1, somente não aparecem nas políticas brasileiras os "programas de emprego para deficientes", entre as ações ativas, e a "compensação por falência de empresas", que são praticadas no resto de mundo. No caso das políticas para deficientes sabe-se que o Brasil tem dedicado atenção e recursos, mas não provenientes do FAT, sobre o qual se fundamenta o rol das políticas brasileiras descritas no Quadro 2, (exceto os programas de demissão voluntária aqui praticados).

Ainda assim, em 2009, os países da OECD gastavam em média 1,66% do PIB com essas políticas, enquanto o Brasil dispendeu 0,97% com PAMT e PPMT.

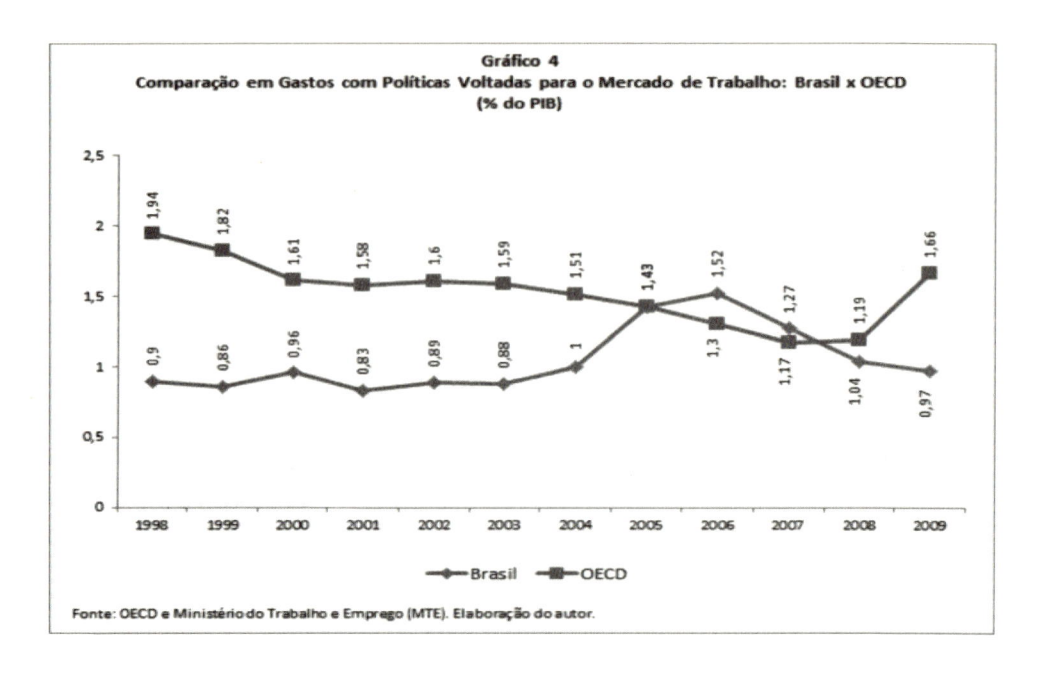

Gráfico 4
Comparação em Gastos com Políticas Voltadas para o Mercado de Trabalho: Brasil x OECD
(% do PIB)

Fonte: OECD e Ministério do Trabalho e Emprego (MTE). Elaboração do autor.

Quando comparamos, em 2009, as cifras brasileiras da Tabela 2 com as dos países selecionados da OECD, mencionados na Tabela 1, verificamos resultados interessantes. O Brasil gasta mais com essas políticas do que países com mercado de trabalho mais homogêneo e consolidado (Estados Unidos e Reino Unido); gasta aproximadamente o mesmo montante que países de tamanho semelhante ao seu (Austrália), países asiáticos (Japão) e países em transição para a economia capitalista (Hungria); e gasta menos do que países com mercado de trabalho pequeno, mas com um *Welfare State* muito forte (Dinamarca, Holanda) ou com países onde o desemprego é crônico (Espanha).

Se, contudo, numericamente o Brasil já se encontra em padrões internacionais, a distância ainda é muito grande no campo das boas práticas. Começa pela total dissociação que aqui existe entre as PAMT e PPMT. O SINE brasileiro está muito longe dos Serviços (Sistemas) Públicos de Emprego observados em grande parte dos países da OECD. Nesses países tem sido empreendido um grande esforço de coordenação entre a administração dos serviços de emprego com a administração do programa de seguro-desemprego, o que não ocorre no Brasil.

No Brasil o desempregado não é submetido às chamadas ações de emprego que devem ser oferecidas pelo Serviço de Emprego, as quais procuram evitar que o seguro-desemprego se transforme num estacionamento de desempregados. Ainda que se saiba que os benefícios pagos em muitos países sejam bastante generosos, tem havido, na esfera internacional, um esforço redobrado e, aparentemente, bem sucedido de promover a chamada "ativação" do desempregado, com ações que o obrigam a buscar emprego mais rapidamente.

A essência dessa estratégia de "ativação" é encorajar os desempregados em busca de trabalho nos seus esforços para obter um emprego, provendo apoio nessa busca, mas requerendo a manutenção de contatos regulares e compulsórios com os Serviços de Emprego, assim como sua participação compulsória, após determinado período de desemprego, nas políticas ativas que venham a lhe ser oferecidas.

As evidências confirmam que a combinação das PAMT com o pagamento de benefícios, com base nesta prática da "ativação", tem reduzido o desemprego ao melhorar a eficiência do processo de *Job Matching*, garantindo ainda a preservação das habilidades e experiência no trabalho dos trabalhadores recolocados (OECD, 2006, p 74).

Outra boa prática observada no cenário internacional é a busca para aumentar o grau de eficiência das políticas ativas, para o mesmo nível de gastos, bem como medidas que conduzam a redução dos gastos com seguro-desemprego. No caso das políticas ativas, a prática internacional é de monitoramento, acompanhamento e avaliação do impacto dos programas colocados em prática, o que tem permitido corrigir os rumos dos mesmos com maior rapidez, prevenindo gastos desnecessários.

Com relação às políticas passivas, têm sido adotadas técnicas que buscam identificar rapidamente a natureza do desemprego, a vulnerabilidade dos segmentos mais afetados, e, com isso, endereçar o trabalhador ao programa correto para cada caso, encurtando o tempo de desemprego e reduzindo os gastos com benefícios. Estas ações no cenário internacional são aqui pouco conhecidas.

5. Perspectivas para o Brasil

O País já dispõe de um arsenal de PAMT e PPMT que se assemelha ao observado no cenário mundial, no que diz respeito à diversidade de programas e políticas praticadas, e tem um volume de gasto semelhante a países de desenvolvimento maior, mas está longe de um comportamento semelhante aos países onde essas políticas são praticadas, no que se refere ao comportamento, desempenho, eficiência e focalização. Nesse contexto, quais são as perspectivas para que essas políticas venham a funcionar de modo a reverter esse quadro?

A principal atitude deve ser o despertar de uma nova consciência dos governantes brasileiros. Para que as PAMT e as PPMT atinjam sua maturidade e comecem a atuar próximas de sua plenitude, é preciso que se transformem em opções políticas, uma verdadeira "Razão de Estado" das autoridades federais brasileiras. Ainda que existam outras dificuldades, esse é, de fato, o principal obstáculo a ser superado.

Além disso, quando se associa esta limitação ao funcionamento desconexo das políticas ativas entre si, e destas com a administração do SD brasileiro, somado à presença de um SINE bastante incipiente, pode-se entender porque os gastos com estas políticas não têm gerado os resultados como deveriam. Ao contrário, nas PAMT verificam-se ineficiência, falta de eficácia, má focalização; enquanto no SD brasileiro se constatam burlas, vícios, fraudes, além de outras distorções. Existe uma ausência de articulação entre estas políticas, desperdiçando recursos que poderiam ser canalizados para que a poupança nacional financie o desenvolvimento econômico.

Outra consideração importante diz respeito ao argumento de que o Brasil é um país carente de recursos, o que dificulta a implantação e administração dessas políticas, especialmente pela velocidade com que o mercado de trabalho urbano tem crescido e se transformado. Embora isto possa fazer sentido sob a ótica da informalidade, e outras formas atípicas de trabalho, que sempre dificultam o desenho de políticas voltadas para o mercado de trabalho, este argumento se enfraquece na presença dos **recursos do FAT em montante suficiente para atender às amplas necessidades contidas nas medidas ativas e passivas, contemplando tanto o trabalho formal como também o informal.**

É preciso, porém, disciplinar a utilização do FAT, cuja destinação tem ido além das políticas voltadas para o mercado de trabalho, e mesmo quando isto ocorre em algumas áreas, os critérios políticos têm superado os aspectos técnicos. Na esfera das políticas ativas de oferta de crédito é preciso reverter o exagerado surgimento de programas que se sobrepõem, resultando em duplicidade na destinação de recursos, bem como dificultando o monitoramento e avaliação que orientem a correta alocação de recursos. No caso do SD, a falta de uma associação mais rigorosa com as ações de emprego, tem implicado em graves distorções em seu funcionamento.

Outra perspectiva refere-se ao papel dos setores público e privado no desenvolvimento e consolidação dessas políticas. Pela sua natureza não se pode descartar a intervenção do Estado na formulação do desenho, implementação e acompanhamento das avaliações de desempenho. Trata-se de funções que devem ser tipicamente conduzidas pelo setor público, tendo em vista a magnitude e os interesses que estão em jogo, e, principalmente, a arbitragem de disputas em grande escala entre os agentes econômicos e sociais. Esta condução do Estado está explícita na própria Convenção n.88 da OIT, que dispõe sobre a criação e o funcionamento dos Serviços de Emprego. Assim tem sido em praticamente todos os países que fazem uso desse Serviço e/ou praticam políticas ativas e passivas. Aqui não deve ser diferente.

Ocorre, porém, que mesmo naquela Convenção e, tendo em vista o que tem se observado no cenário internacional recente, esta tarefa é demasiadamente grande para prescindir **da atuação da sociedade civil e do setor privado.** Por exemplo, uma ampla capilaridade da rede de atendimento deve contar com as agências privadas de emprego que ofereçam serviços para o mercado de trabalho. Além de aumentar a oferta elas atuam, regra geral, de forma diferenciada, introduzindo um elemento de eficiência adicional ao modelo.

Outro aspecto que se reveste de muita importância na busca de um melhor desempenho das PAMT e das PPMT brasileiro, sendo, contudo, pouco difundido, diz respeito à diminuta, para não dizer inexistente, **busca de cooperação e apoio técnico internacional.** Mesmo reconhecendo-se a existência de similaridade com o verificado em diversos países, com relação ao que se entende como desenho básico e funcionamento de cada política, não há recursos humanos suficientes para levar a tarefa adiante. Mesmo que exista um pequeno conjunto de técnicos que dominam os principais aspectos para torná-las operacionais, ainda resta uma grande carência de recursos humanos e mesmo de conhecimento técnico de fronteira, que justifica uma ampla procura de acordos de cooperação técnica com organismos internacionais visando superar esta deficiência.

Merece atenção, também, a questão do **grau de centralização em decorrência das necessidades administrativas**. Dada a grande dimensão geográfica brasileira, e tendo em vista as disparidades, bem como peculiaridades de cada região e mercados locais, torna-se conveniente alguma descentralização na execução dos programas voltados para o mercado de trabalho. Isso pode ocorrer ainda que se mantenha a diretriz estabelecida no plano federal, como prevê a própria Convenção n. 88 da OIT, sobre o Serviço do Emprego. A vantagem dessa descentralização é a facilidade de administrar as demandas locais, inclusive com a participação da sociedade civil, que por si só é um elemento a mais na tentativa de sucesso das políticas adotadas.

Finalmente, deve-se insistir na premissa básica que norteia a consolidação das PAMT e PPMT, no contexto de um sólido Serviço de Emprego no Brasil: o sucesso condiciona-se, principalmente, à adoção de outras importantes reformas pelas quais devem passar o Estado e a sociedade brasileira. Em decorrência do esgotamento do modelo em inúmeros setores da vida econômica e social do País, as sugestões de aprimoramento das políticas ativas e passivas aqui propostas somente atingirão seu pleno objetivo caso aconteçam conjuntamente com as reformas tributária, fiscal, administrativa, previdenciária, educacional, ou seja, ocorra uma verdadeira modernização do Estado brasileiro.

Em especial, a reforma do mercado de trabalho brasileiro, envolvendo aspectos como alterações na legislação; novas formas de contrato de trabalho, estrutura e financiamento da organização sindical; estímulo às negociações coletivas; entre outros, são condições necessárias para o sucesso de qualquer novo desenho no sistema brasileiro de proteção à força de trabalho. O isolamento da reforma do mercado de trabalho, incluídas as mudanças nas PAMT e PPMT, seria fatal, qualquer que seja o empenho daqueles dedicados à formulação de políticas públicas na área do trabalho.

O básico em matéria de políticas voltadas para o mercado de trabalho já existe, mas ainda há muito que fazer para consolidá-las e obter delas os benefícios dos fins a que se destinam.

REFERÊNCIAS BIBLIOGRÁFICAS

AUER, P.; EFENDIOGLU, Ü.; LESCHKE, J. *Active labour market policies around the world coping with the consequences of globalization.* Geneve: Internacional Labour Office, 2005.

AZEREDO, B. *Políticas públicas de emprego:* a experiência brasileira. São Paulo: Associação Brasileira de Estudos do Trabalho — ABET, 1998.

CAHUC, P.; ZYLBERBERG, A. *Labor economics.* 19. ed. Cambridge: MIT, 2004.

CACCIAMALI, M. C. As políticas ativas de mercado de trabalho no Mercosul. *Revista de Estudos Avançados,* São Paulo: USP, n. 19 (55), 2005.

CHAHAD, J. P. Z. A avaliação de políticas ativas no mercado de trabalho brasileiro: as lições da experiência internacional. *In:* CHAHAD, J. P. Z.; PICCHETTI, Paulo (orgs.). *Mercado de trabalho no Brasil:* padrões de comportamento e transformações institucionais. São Paulo: LTr, 2003.

_____ . Políticas ativas e passivas no mercado de trabalho: aspectos conceituais, a experiência internacional e avaliação do caso brasileiro. *Texto elaborado para o convênio CEPAL/PNUD/OIT,* São Paulo, jun. 2006.

_____ . Flexibilidade no mercado de trabalho, proteção aos trabalhadores e treinamento vocacional na força de trabalho: a experiência de América Latina e perspectivas (análise do caso brasileiro). *CEPAL,* Documento de proyecto. Santiago, 2009.

CHAHAD; CACCIAMALI. Avaliação externa dos programas de geração de emprego e renda com recursos dos depósitos especiais do FAT (1ªetapa). *Relatório de Pesquisa FIPE/ MTE*, São Paulo, maio 2009.

CHAHAD, J. P. Z.; MACEDO, R. *Um estudo sobre a adoção do seguro-desemprego no Brasil.* São Paulo: Fundação Instituto de Pesquisas Econômicas, Ministério do Trabalho, out. 1985.

IPEA *Brasil*: o estado de uma nação — mercado de trabalho, emprego e informalidade. Rio de Janeiro: Paulo Tafner, 2006.

_____ . *Boletim de políticas sociais:* acompanhamento e análise, Edição Especial, n. 13, 2007.

MARTIN, J. P.; GRUBB, D. What works and for whom: a review of OECD countries´ experiences with active labour market policies. *Working Paper*, Paris: OECD, n. 14, IFAU — Office of Labour Market Policy Evaluation, set. 2001.

_____ . *The OECD jobs study:* facts, analysis, strategies. Paris: OECD, 1994.

_____ . *Employment Outlook 2006:* boosting jobs and incomes. Paris: OECD, 2006.

_____ . *Employment Outlook 2007*. Paris: OECD, 2007.

_____ . Disponível em: <StatsExtracts:http://stats.oecd.org/Index.aspx?DatasetCode= LMPEXP> Acesso em: 24.8.2011.

PASSOS, A. F.; COSTANZI, R. N. Evolução e perspectivas dos programas de geração de emprego e renda. *Mercado de trabalho:* conjuntura e análise, Nota Técnica, IPEA/MTE, nov. 2002.

PASTORE, J. *A modernização das instituições do trabalho*: encargos sociais, reformas trabalhista e sindical. São Paulo: LTr, 2005.

VISÕES ECONÔMICAS DA FLEXIBILIZAÇÃO DOS DIREITOS TRABALHISTAS(*)

Hélio Zylberstajn(**)

1. Introdução

Crowdsourcing, o que é isso?⁽¹⁾ Ao pé da letra significaria terceirização em massa, mas a tradução precisa ser mais explicada. Trata-se de contratar pela internet trabalhos realizados em pequenas tarefas na internet, quase na forma de pesquisa. Os interessados (milhares, ou multidões, daí a palavra *crowd*) mandam suas repostas ou sugestões que, se aproveitadas, são pagas pelos contratantes. No Brasil, para evitar problemas com o fisco, os pagamentos são pequenos, situando-se abaixo da faixa da isenção tributária. Este exemplo de contratação de trabalhadores é evidentemente um caso extremo, mas ilustra muito bem o contraste existente entre a velocidade e a diversidade das mudanças no mercado de trabalho e a lentidão na percepção e na evolução do Direito do Trabalho e mais genericamente das políticas de regulamentação do mercado de trabalho.

Neste mundo de relações de trabalho crescentemente descentralizadas, digitalizadas e virtualizadas, o Direito do Trabalho procura adaptar seus conceitos, tentando estender a proteção e a tutela para as chamadas relações de trabalho

---

(*) Uma versão preliminar deste texto foi apresentada pelo autor na sessão de encerramento do 51º. Congresso Brasileiro de Direito do Trabalho com o título "A Concepção Econômica da Flexibilização". O Congresso foi organizado pela LTr e ocorreu em São Paulo, de 27 a 29 de junho de 2011. Esta versão foi apresentada no Congresso Internacional "Novos Temas e Desafios no Mundo do Trabalho", realizado pela Academia Nacional de Direito do Trabalho, em 27 e 28 de setembro de 2012, em São Paulo.
(**) FEA/USP.
(1) V. matéria publicada no *Estadão* 23.10.2011.

autônomo dependente, identificando novas formas de subordinação, de continuidade e de dependência, tentando alargar o conceito de vínculo para as novas formas de trabalho. Aparentemente, no entanto, trata-se de uma corrida desigual. Dificilmente a tutela alcançará as situações novas que surgem em ritmo digital.

Como os economistas vêm esta questão? Haveria alguma contribuição da Economia para equilibrar esta competição desigual? Para tentar discutir este tema, a sessão 2 resgata de forma sucinta duas visões conflitantes na Economia do Trabalho, com o objetivo de mostrar que os economistas sempre estiveram muito divididos a respeito do mundo do trabalho. A sessão 3 mostra que apesar das distâncias metodológicas e teóricas, existe uma surpreendente convergência sobre o tema do fim do emprego e da flexibilização. A sessão 4 encerra o texto avaliando as possíveis implicações da convergência para a regulação do mercado de trabalho e para o Direito do Trabalho.

2. Economia do trabalho: duas visões[2]

A preocupação dos economistas com o mercado de trabalho remonta às origens da própria ciência econômica. Autores clássicos como David Ricardo (1817), Adam Smith (1776), Malthus (1798) e Stuart Mill (1988) já discutiam as particularidades do mercado de trabalho e de certa forma o debate daquela época perdura até os nossos dias, pois a origem das duas visões aqui mencionadas pode ser rastreada até aqueles textos seminais. Um dos fundadores da moderna ciência econômica, Alfred Marshall (1920) ofereceu também importantes contribuições para o entendimento do funcionamento do mercado de trabalho. Na segunda metade do século passado, a disciplina Economia do Trabalho passou a integrar os currículos das escolas de Economia e tem despertado crescentemente o interesse dos pesquisadores e estudiosos dos temas sociais.

Para os estudiosos do Direito, e especialmente do Direito do Trabalho, a Economia parece uma ciência que observa o mundo e a sociedade com uma visão uniforme e os economistas seriam todos seres com uma única capacidade: fazer contas e explicar tudo com números e gráficos. Este texto procura mostrar que na verdade não há unanimidade na Economia e apresenta duas visões diametralmente opostas sobre o mercado de trabalho que economistas oferecem. Uma delas seria a visão que simplificadamente pode ser designada como **abordagem neoclássica** e que provavelmente representa a imagem estereotipada que os estudiosos do Direito do Trabalho têm em relação aos economistas. A outra visão poderia

---

[2] Uma versão mais detalhada desta sessão pode ser encontrada em Zylberstajn (2010).

ser denominada como **enfoque institucionalista** e reúne economistas que interpretam os fatos do mercado de trabalho de forma mais qualitativa e menos quantitativa e que são menos conhecidos no Direito do Trabalho. Os parágrafos seguintes apresentam de forma resumida estas duas visões com o propósito de mostrar suas diferenças e as implicações que decorrem de cada uma delas.

NEOCLÁSSICOS: O MERCADO FUNCIONA, A REGULAÇÃO ATRAPALHA

A concepção neoclássica original do mercado de trabalho coincide com o tipo ideal denominado "mercado de concorrência perfeita". Um exemplo concreto que se aproxima deste tipo ideal é o da feira-livre, tão comum nas cidades brasileiras. Na feira-livre, todas as firmas (as bancas) têm aproximadamente o mesmo tamanho, não havendo dominação de mercado por parte de nenhuma delas. Tanto as firmas como os consumidores têm acesso muito fácil à informação do preço, que se propaga rapidamente neste mercado. Quando uma banca reduz o preço do seu produto, os consumidores e as demais bancas ficam sabendo imediatamente e a redução se propaga para todo o mercado. Isso é o que caracteriza o mercado de concorrência perfeita: igualdade de condições entre as firmas e informação imediata e sem custo para todos. Nestas condições, se algum agente tem percepções desalinhadas com o mercado terá que corrigi-las para continuar comprando ou vendendo. Dessa forma, o mercado leva sempre ao equilíbrio entre oferta e demanda e ao nível ótimo de funcionamento.

Os economistas neoclássicos tendem a considerar o mercado de trabalho como mais um dos diversos mercados que compõem a economia de uma sociedade, sem nenhuma distinção em relação aos demais. Os trabalhadores são o lado da oferta, as empresas são o lado da demanda. Como nos demais mercados, oferta e demanda interagem para determinar o preço de equilíbrio (salário de mercado) e a quantidade (nível de emprego). A concorrência é o motor do mercado, sendo vista positivamente. Se um trabalhador espera obter um salário acima do nível pago pelo mercado, terá que ajustar sua expectativa para baixo. Da mesma forma, se uma empresa oferecer um salário abaixo do que o mercado está pagando, terá que elevar sua oferta para conseguir um interessado na sua vaga. Nesta concepção, a informação sobre vagas para os trabalhadores e sobre candidatos às vagas para as empresas é obtida sem custo e sem dificuldade. Não há custos para transacionar (ou seja, para procurar vagas e candidatos). Enfim, no mercado de trabalho neoclássico, não há nenhuma particularidade no serviço que é transacionado (trabalho). A mensagem é clara e direta: deixemos o mercado de trabalho funcionar livremente, e ele encontrará naturalmente o ponto de equilíbrio, empregando todos os trabalhadores que desejam trabalhar ao preço vigente, que é salário de equilíbrio do mercado.

Para explicar o nível de emprego em uma empresa e, por extensão, no mercado de trabalho como um todo, os neoclássicos utilizam o conceito de produtividade marginal. Esta é entendida como a contribuição para a produção do último trabalhador contratado pela empresa. Cada trabalhador adicional acrescenta sua contribuição à produção e essa contribuição é decrescente. A empresa contrata trabalhadores até que a contribuição marginal seja igual ao salário do mercado. Neste ponto a empresa atinge seu nível ótimo de emprego. Se contratar um trabalhador a mais, a contribuição adicional será menor que o salário devido, provocando prejuízo para a empresa. Esta ótica vê com simpatia a competição no mercado de trabalho, pois é a concorrência entre os trabalhadores que permite que o salário de mercado se ajuste no nível ótimo também. Qualquer interferência que eleve o salário de mercado é vista como indesejável, porque impediria que as empresas contratassem a quantidade ótima de trabalhadores. Para um neoclássico, portanto, a regulação do mercado eleva artificialmente o preço do trabalho e reduz o nível de emprego de cada empresa e do mercado como um todo.

Institucionalistas: o mercado de trabalho é diferente

Desde cedo, a visão neoclássica encontrou opositores entre os institucionalistas, como, por exemplo, os Webbs (1920) e Commons (1973). Para os institucionalistas, o mercado de trabalho é diferente dos demais, porque o trabalho não pode ser tratado como se fosse uma mercadoria. Os institucionalistas consideram que existem especificidades no mercado de trabalho, principalmente o fato de que há assimetrias de poder entre o lado da demanda (as empresas) e o da oferta (os trabalhadores). Por essa razão, veem com muita desconfiança a proposta neoclássica de libertar as forças da competição neste mercado. Por causa da assimetria de poder, há uma tendência à competição degradadora, que aviltaria os salários e as condições de trabalho. Por essa razão, a regulação do mercado de trabalho é necessária. O Estado, nessa visão, tem o dever de zelar pelo funcionamento equilibrado do mercado de trabalho, regulando-o diretamente, ou então oferecendo reconhecimento e garantias legais aos sindicatos para que estes também possam participar da regulação por meio da negociação coletiva. Por sua vez, a sociedade deve participar também reconhecendo as empresas que praticam boas políticas com seus empregados.

Os institucionalistas não rejeitam o mercado, apenas não o consideram como algo perfeito ou infalível. No caso do mercado de trabalho, não aceitam a ideia de que funcione como se fosse uma concorrência perfeita, porque existe desigualdade de poder. O trabalhador sozinho não tem como se contrapor à empresa, daí a necessidade de regulação direta ou de garantias à negociação coletiva. Estas ideias inspiraram os países a adotar políticas públicas em defesa dos trabalhadores, tais como o Salário Mínimo, a limitação para a jornada de trabalho, o Seguro-Desemprego, as normas de segurança e saúde ocupacionais e assim por diante. Os institucionalistas vão além da regulação propriamente dita do mercado de trabalho e defendem a ideia de que o Estado deve assegurar o pleno emprego, por meio de políticas macroeconômicas que induzam a economia a operar em permanente crescimento. Sob essa ótica, a capacidade que a regulação oferece aos trabalhadores de elevar seus salários acaba redundando em aumento do seu poder de compra, que por sua vez eleva o consumo e a própria atividade econômica, induzindo à criação de empregos.[3]

EXEMPLOS DA DISCORDÂNCIA: DIFERENCIAIS SALARIAIS

Não é exagero dizer que talvez o problema mais relevante que a Economia do Trabalho se propõe a estudar seja a questão dos diferenciais salariais. Os dois lados do debate reconhecem que há varias causas de diferenças, tais como a discriminação e o tipo de ambiente de trabalho e, mais importante, a produtividade dos trabalhadores. Para cada uma das causas, no entanto, as explicações de cada lado estão longe de convergirem.

Por exemplo, tomemos a discriminação de gênero. Para os neoclássicos, a diferença nos salários de homens e mulheres se explicaria pelo fato de as mulheres serem menos comprometidas com o mercado de trabalho. Nessa linha, o argumento neoclássico sustenta que como as mulheres precisam dedicar uma parte de sua vida ao cuidado dos filhos, desde o início de sua carreira elas investiriam menos no seu capital humano e se dedicariam menos nos seus empregos, pois saberiam que em algum momento teriam que se afastar do mercado de trabalho ou então teriam que se dividir entre o trabalho e o cuidado dos filhos pequenos, retornando após algum tempo, quando estes estivessem crescidos e demandassem menos cuidados. Os institucionalistas têm uma explicação totalmente distinta para a discriminação de gênero. Para eles, a sociedade atribuiria determinados papéis e determinadas ocupações às mulheres (como, por exemplo, enfermeiras, professoras, secretárias, e assim por diante), reduzindo suas opções profissionais e provocando "aglomerações" em torno das ocupações adequadamente "femininas". A aglomeração acirraria a disputa entre as mulheres pelas vagas "adequadas" disponíveis e reduziria os salários. Como se vê, são explicações irreconciliáveis, opostas.

---

(3) Na verdade, este foi o argumento dos institucionalistas americanos para justificar o *Wagner Act*, em 1935, que reconheceu os sindicatos e a negociação coletiva naquele país. Esta legislação era a parte social do conhecido *New Deal* do Presidente Roosevelt.

Vejamos outro exemplo: discriminação étnica. Para os neoclássicos, este tipo de discriminação decorre do "gosto" de empregadores que rejeitam as minorias a ponto de pagar salários maiores para trabalhadores pertencentes à maioria étnica. As empresas que não discriminam contratam os trabalhadores pertencentes à minoria discriminada e pagam a eles salários menores que os dos seus colegas não discriminados. Como a diferença de salário não tem nada a ver com a qualidade dos trabalhadores, apenas com as "preferências" dos empregadores discriminadores, as empresas não discriminadoras têm uma vantagem competitiva (o custo do trabalho delas seria menor). No longo prazo, a concorrência eliminaria do mercado as empresas que discriminam e a discriminação étnica desapareceria. Os institucionalistas rebatem esta explicação com a evidência clara de que a discriminação não desaparece no longo prazo e persiste em todos os países, sugerindo que outros fatores operam no mercado de trabalho, não incluídos na análise neoclássica.

E o que dizer sobre os diferenciais de salário ligados aos diferenciais de produtividade? Para os neoclássicos, a explicação vem da existência do assim chamado "capital humano" (BECKER, 1961; MINCER, 1993; SCHULTZ, 1961), entendido basicamente como investimentos em educação e treinamento. Os neoclássicos atribuem à educação e ao treinamento a capacidade de aumentar a produtividade dos trabalhadores. Os indivíduos que decidem frequentar a escola até atingir graus elevados de educação aprimoram sua qualificação e aumentam sua produtividade e isso explicaria os diferenciais de produtividade. A mensagem é clara: os governos devem ampliar o acesso à educação, para aumentar a produtividade e reduzir as desigualdades. Embora a mensagem da teoria do capital humano seja forte e convincente, os institucionalistas rebatem lembrando que, mesmo assim, a educação não explica completamente as diferenças salariais. Argumentam que na verdade há segmentação no mercado de trabalho (DOERINGER; PIORE, 1971) e esta impede o fluxo de trabalhadores entre os "maus" empregos e os "bons" empregos. No argumento institucionalista, o início da carreira de cada indivíduo é relevante para "marcar" sua trajetória futura. Se o trabalhador tiver a sorte de ingressar logo cedo em uma empresa grande, bem organizada, que use tecnologia e processos modernos de produção, terá a oportunidade de progredir nessa empresa e ver crescer sua produtividade e consequentemente sua renda salarial, tanto nesta empresa como em outras que comporiam o assim chamado "mercado de trabalho primário". Se, por outro lado, o indivíduo iniciar sua carreira em uma firma pequena, inserida em uma atividade pouco desenvolvida tecnologicamente, e que não ofereça oportunidades de crescimento na qualificação e na carreira, ficará "marcado" negativamente para os futuros empregadores e terá apenas oportunidades no "mercado de trabalho secundário". Por essa razão, os diferenciais salariais permaneceriam, mesmo que os trabalhadores tenham níveis equivalentes de escolaridade.

Os exemplos de discordâncias apontadas nos parágrafos anteriores mostram pelo menos duas diferenças importantes entre os dois lados do debate. Primeiro, que os neoclássicos tendem a explicar o fenômeno dos diferenciais salariais pelo lado da oferta de trabalho, pois atribuem suas causas a escolhas e/ou a características dos próprios trabalhadores. Já os institucionalistas tendem a explicá-lo enfatizando o lado da demanda, pois para eles são as características dos empregos que causam os diferenciais e não as características dos trabalhadores. Uma segunda diferença entre as duas correntes é a crença na capacidade que o próprio mercado teria de reduzir e até de eliminar os diferenciais. Os neoclássicos acreditam que o mercado tem essa capacidade e em decorrência preferem evitar qualquer tipo de regulamentação. Como os institucionalistas não compartilham da crença na capacidade do mercado, sugerem com veemência a regulação, seja pelo Estado, seja por meio da negociação coletiva, para reduzir os diferenciais.

São duas visões antagônicas como já mencionado acima. Caricaturalmente, exagerando nos traços que as diferenciam, pode-se dizer que os neoclássicos gostariam de deixar o mercado de trabalho funcionar como uma feira livre, sem regulação e sem restrições às forças da concorrência. Os institucionalistas ao contrário gostariam de reduzir ou restringir a competição, introduzindo regulações para impedir a corrida ao fundo do poço. Na verdade, as duas visões evoluíram desde o início do debate mais que centenário. Os neoclássicos admitem a existência de imperfeições no mercado de trabalho, basicamente causadas por assimetrias informacionais: as empresas não conhecem os trabalhadores e não conseguem monitorá-los completamente no desempenho de suas funções. Os trabalhadores, por outro lado, não conhecem tudo que gostariam de conhecer sobre as empresas onde trabalham e têm muitas incertezas e inseguranças quanto ao futuro dos seus empregos. A insuficiência de informações levou os neoclássicos a admitir que o pressuposto da livre informação no mercado deveria ser relaxado. Para superar a insuficiência informacional, os neoclássicos admitem alguma regulação. Mas insistem em privilegiar a introdução de mecanismos de mercado para corrigir as imperfeições: os incentivos para induzir os trabalhadores a se esforçar (LAZEAR, 1996). Por outro lado, os institucionalistas reconhecem a força de argumentos e modelos neoclássicos, como, por exemplo, a própria teoria do capital humano, que contribuiu em muito para o entendimento dos determinantes das desigualdades na sociedade moderna. Apesar da evolução nas respectivas posições, os dois lados continuam muito distantes, irremovíveis nos seus respectivos pressupostos. Os neoclássicos continuam a acreditar que a competição é saudável porque leva à alocação eficiente dos recursos, inclusive no mercado de trabalho. E os institucionalistas temem que o excesso de competição empurre os salários e as condições de trabalho ladeira abaixo.

3. CONVERGÊNCIA DAS DUAS VISÕES: ESPECIFICIDADE DO POSTO DE TRABALHO

Surpreendentemente, apesar da enorme distância que os separa, é possível identificar um ponto em comum entre os dois lados do debate. Mais surpreendentemente, essa intersecção emerge a partir do debate que mais separa os dois campos: o da explicação sobre os diferenciais salariais em razão da produtividade. Para retomar este ponto, já tratado na seção anterior, é preciso retornar a Becker (1961) e resgatar uma contribuição muito importante desse autor.

Becker sugeriu que os trabalhadores adquirem capital humano por meio de dois mecanismos: a educação e o treinamento em serviço (*on the job training*). Ambos elevam o conhecimento e por esse meio aumentam a produtividade do trabalhador. Ao examinar o treinamento em serviço, Becker sugeriu que este pode assumir diversas formas. Pode ser formal, com instrutores dando aulas em salas de aula na própria empresa ou fora dela, e pode ser informal, com os supervisores e os colegas mais antigos ensinando aos mais novos como desempenhar suas funções. A contribuição mais importante de Becker, sem dúvida, foi sua classificação do conteúdo do conhecimento aprendido no treinamento em serviço: **geral** e **específico**. Conhecimento geral se refere à aquisição de habilidades que são úteis em outras empresas e não apenas na empresa na qual o treinamento é oferecido. Já com o conhecimento específico, o treinando adquire habilidades que são úteis apenas na própria empresa. Muitas vezes, o conhecimento geral é confundido com habilidades básicas e o conhecimento específico com qualificações complexas. Essa distinção, no entanto, não é apropriada. Não é o nível de conhecimento adquirido no treinamento que define o seu tipo. A distinção se refere ao grau de utilidade que o conhecimento tem. Se o conhecimento é útil em mais de uma empresa, então é do tipo **geral**. Se, ao contrário, só pode ser utilizado em uma empresa, então é do tipo **específico**. Em outras palavras, se existe mercado para ele, então o conhecimento é geral. Se não existe mercado e sua utilidade se confina a uma única empresa, então é conhecimento específico.

Talvez dois exemplos mais concretos ajudem o leitor a perceber a diferença entre os dois tipos de conhecimento. Vamos ao primeiro exemplo: um operador de máquina, que depois de muito tempo na empresa percebeu que toda vez que a máquina que opera faz um determinado tipo de ruído, ela quebra em seguida. Ao se dar conta dessa coincidência, o trabalhador conclui que o ruído é um sintoma de mau funcionamento e passa a desligar a máquina e solicitar a manutenção da mesma, evitando o prejuízo da quebra da mesma. Esse conhecimento é do tipo específico, pois somente tem valor naquela empresa e naquela máquina específica. É muito valioso para a empresa, mas apenas para a empresa.

Vamos ao segundo exemplo: um vendedor que percorre a clientela do fabricante de um produto, em uma determinada região. Por ser um vendedor, este trabalhador tem um conhecimento do tipo geral, que é constituído da habilidade de vender, de convencer o comprador a comprar. Essa habilidade é comum a qualquer vendedor e constitui um conhecimento geral. O vendedor dessa empresa pode utilizar essa sua habilidade em outras empresas, e em outras clientelas. Mas, para se familiarizar com uma clientela, é preciso muito tempo. Para conhecer todos os clientes pelo nome, para cultivar uma relação mais próxima com todos eles, para conhecer as necessidades de cada um, o vendedor tem que percorrer aquela clientela durante muito tempo, até ganhar sua confiança. Esse conjunto de informações e de relacionamentos constitui um conhecimento específico, pois somente tem valor com aquela clientela e não com outra. Novamente, é muito valioso para a empresa, mas apenas para esta empresa.

A existência de dois tipos de conhecimento tem implicações importantes para o tipo de emprego dos seus detentores. Quando em uma empresa existe conhecimento específico, a empresa tem interesse em que seus empregados o adquiram e procura incentivá-los a fazer este investimento e participar do treinamento em serviço, seja ele formal ou informal. Para os trabalhadores, porém, o investimento somente será interessante se houver alguma garantia de continuidade na relação de emprego. Se depois de investir tempo na aquisição do conhecimento específico o trabalhador for despedido, terá desperdiçado seu tempo e o investimento, já que o conhecimento não tem valor fora da empresa. Sua produtividade para o mercado não terá crescido, era grande apenas naquela empresa. Em suma, Becker sugere que a existência de conhecimento específico cria os incentivos bilaterais para os vínculos de longa duração. Os trabalhadores decidirão investir e aprender este conteúdo desde que percebam na empresa um compromisso de garantir a duração da relação de emprego. E a empresa ao investir no treinamento específico de seus empregados, não terá interesse em perder o investimento feito e procurará mantê-los. Em suma, Becker sugere que em empresas com muitas especificidades, os vínculos tendem a ser de longa duração. Por outro lado, em empresas em que o conhecimento predominante é do tipo geral, os vínculos tenderão a durar menos.

No lado institucionalista, Doeringer e Piore (1971), já mencionados, estavam preocupados em desmontar o argumento neoclássico baseado na teoria do capital humano segundo o qual no longo prazo a educação reduziria os diferenciais de salário. Para os neoclássicos o fluxo de trabalhadores entre todas as empresas acaba por eliminar os diferenciais. Se os trabalhadores tiverem acesso generalizado ao sistema escolar e se os fluxos no mercado de trabalho forem livres, os diferenciais tenderiam a desaparecer ou pelo menos a se reduzir, refletindo apenas as diferenças em capital humano. Como já mencionado, Doeringer e Piore (1971) argumentaram que o mercado de trabalho é segmentado e a segmentação impediria a livre circulação de trabalhadores. Para eles, há dois segmentos, o primário, composto de bons empregos, e o secundário no qual os empregos se aproximam do que hoje chamaríamos de empregos precários. Não havendo livre circulação de trabalhadores, as diferenças permaneceriam no longo prazo, uma conclusão totalmente contrária à conclusão neoclássica.

Doeringer e Piore (1971) se detiveram em descrever as empresas do mercado primário e nesse ponto, surpreendentemente, seu argumento os aproxima de Becker e dos dois tipos de conhecimento sugeridos por este autor. Para Doeringer e Piore, o mercado primário de trabalho, aquele segmento que abriga os bons empregos, é constituído por grandes firmas, nas quais existe o que denominaram **Mercado Interno de Trabalho — MIT**. O MIT tem poucas portas de entrada, muitas vezes apenas uma. A empresa recruta trabalhadores no mercado externo e os contrata inicialmente para exercer uma função localizada na base da sua pirâmide ocupacional. Após um período para conhecimento mútuo, que pode levar muitos meses, os ocupantes destes postos iniciais que são aprovados são efetivados e a partir deste ponto, a empresa lhes oferece um horizonte de longo prazo, com uma carreira à frente. Para os trabalhadores desta empresa, há políticas de promoções mediante as quais percorrem a ladeira do plano de cargos e salários, sendo-lhes abertas as possibilidades de promoções no mesmo cargo e também de promoções para cargos superiores. Há regras para os dois tipos de promoção, e em princípio todos podem se candidatar às vagas superiores na carreira. Uma das regras mais presentes nestas empresas que praticam o MIT é a aplicação do princípio da senioridade para decidir diversas situações. Por exemplo, a escala de férias é resultado da escolha dos trabalhadores, dando-se aos mais antigos a prioridade na escolha do período de descanso. A alocação de horas extraordinárias também é submetida preferencialmente aos mais antigos. Numa promoção à qual concorram dois candidatos de qualificação equivalente, a escolha é feita para o mais antigo. Em um período de redução da produção, quando a empresa precisa suspender o contrato de trabalho de uma parte do quadro para reduzir as despesas, a preferência para permanecer é dos mais antigos. Enfim, o tempo de serviço é um "capital" acumulado pelos mais antigos que se transforma em critério de decisões e de escolhas em diversas situações, sempre favorecendo os mais antigos. Esta é uma constatação feita a partir das observações de Doeringer e Piore, na descrição dos bons empregos, típicos do MIT.

Embora não tenham utilizado as categorias de Becker, estes dois autores perceberam que o arranjo do MIT era utilizado em empresas que queriam reter seus trabalhadores porque tinham que administrar sua produção com um quadro permanente e fiel. Em troca da segurança que ofereciam aos trabalhadores, recebiam a fidelidade e o compromisso deles. E para que servia essa troca? Exatamente para garantir aquilo que hoje os estudiosos da administração de recursos humanos designam como "gestão do conhecimento". Os trabalhadores mais antigos, sendo merecedores da preferência da empresa, não viam nos seus colegas mais novos nenhuma ameaça e concordavam em compartilhar com eles o conhecimento que acumulavam na empresa. O treinamento em serviço de Becker era praticado no MIT de Doeringer e Piore, com toda segurança. Os mais antigos ensinavam de bom grado o "pulo do gato" aos novatos e com isso a empresa conservava o valioso capital humano que a diferenciava das demais.

Em suma, embora vindo de escolas de pensamento econômico muito distintas, Becker de um lado e Doeringer e Piore de outro chegaram a conclusões semelhantes, convergentes e complementares: o que explica a duração do emprego é o tipo de conhecimento. Quando o conhecimento é específico, o vínculo precisa durar muito tempo para garantir o retorno e o mecanismo que opera esta troca é o Mercado Interno de Trabalho, com sua preferência pelo tempo de serviço como critério de escolhas na gestão dos recursos humanos.

4. Significado e implicações do fim do emprego

Na segunda metade do século passado, entre o final da Segunda Guerra Mundial e os anos finais da década de 1980, o MIT era um modelo de organização de empresas muito utilizado, mas nas décadas recentes, há indícios de que tende a desaparecer ou pelo menos a se tornar menos frequente. A empresa que ainda procura reter seus empregados é vista como "paternalista" entre os estudiosos das organizações. Ao mesmo tempo em que estaria havendo esta transmutação nas empresas, haveria outra transformação, esta na atitude e nos valores das novas gerações de trabalhadores. Hoje as novas gerações são designadas pela expressão "Geração Y", significando que os jovens não mais valorizariam o compromisso e a permanência em uma mesma empresa e prefeririam construir suas carreiras no mercado, migrando de emprego em emprego ao invés de "amarrar o burro" na mesma firma. Ou seja, estaria havendo uma mudança nos dois lados do mercado de trabalho. De um lado, as empresas não mais demandariam empregados fiéis e de outro os empregados não mais desejariam empregos permanentes.

Ficar na mesma empresa por muito tempo é inclusive visto como comportamento acomodado por algumas pessoas e mesmo por algumas empresas. Neste texto, o autor não pretende verificar empiricamente a existência e a extensão destas manifestações. O propósito é mais modesto. Pretende-se apenas refletir sobre a pergunta: se, de fato, essa tendência existir, como poderia ser interpretada à luz da teoria econômica? E quais seriam as implicações para a regulação do mercado de trabalho e a proteção dos trabalhadores?

Para propor uma possível explicação à transformação aqui apontada, voltemos ao exemplo do vendedor. Hoje, na verdade, as pessoas e as empresas se utilizam cada vez mais da *internet* para fazer compras. Há cada vez menos clientelas reais e cada vez mais clientelas virtuais. Em consequência, há cada vez menos vendedores e cada vez mais páginas de venda na *internet*. O vendedor que conhecia até a família dos clientes foi substituído por um programador e por um *webdesigner* que criam as páginas de venda para as empresas. O vendedor que tinha uma quantidade apreciável de informações sobre a clientela e era detentor de valioso conhecimento específico foi substituído por profissionais que têm o domínio da informática, um conhecimento essencialmente do tipo geral. O exemplo do vendedor pode provavelmente ser generalizado para muitas outras funções e atividades produtivas. A transformação das empresas, que estariam substituindo o conteúdo do conhecimento de que precisam, pode ajudar a entender as transformações do mercado de trabalho. Se, de fato, as empresas precisarem cada vez menos de conhecimento específico e cada vez mais de conhecimento geral, precisarão cada vez menos de compromissos e de vínculos de longo prazo e poderão substituir mais facilmente seus empregados. No limite, estaríamos no futuro todos nos defrontando com um mercado de trabalho no qual seremos *free lancers* ou trabalhadores autônomos.

A teoria econômica brevemente apresentada neste texto nos fornece uma explicação para a existência da "empresa paternalista". Na verdade, as empresas que utilizam (ou que utilizavam) o MIT não praticam o paternalismo, apenas usam um arranjo institucional racional para administrar e reter um patrimônio intangível, o capital humano ou o conhecimento da organização. A mesma teoria econômica mostra que empresas em que este patrimônio não fosse tão específico, não precisariam construir o seu MIT e poderiam recrutar os profissionais de que necessitam sempre no mercado de trabalho externo, sem se preocupar tanto com a retenção dos mesmos. Não deixa de ser intrigante, porém, que ao mesmo tempo em que se designa como paternalista o modelo do MIT, se discute a necessidade de "reter os talentos" e de praticar a "gestão do conhecimento" nas organizações, problemas que o MIT tinha resolvido.

De qualquer forma, é interessante continuar a reflexão sobre o fim do emprego causado pelo aparente fim do conhecimento específico. Há paralelos históricos? Há situações em que o mercado de trabalho utilizou apenas conhecimento geral? Se houver exemplos, quais as soluções encontradas? Valeria a pena resgatá-los para talvez evitar ter que reinventar a roda.

Na verdade, há pelo menos duas situações em que as empresas operam com conhecimento do tipo geral. Uma delas é o conhecido exemplo dos portos. O conhecimento necessário para executar a atividade de carga e descarga de navios é essencialmente geral (aliás, muito pouco conhecimento, diga-se de passagem). O essencial neste exemplo concreto é o fato de que um trabalhador portuário pode carregar qualquer navio, não existindo particularidades significativas que diferenciem as embarcações que atracam num determinado porto. Não é coincidência que os portuários são na verdade *free lancers* e a legislação inclusive os reconhece como tal e os designa como trabalhadores avulsos. As empresas que operam nos portos não mantêm quadros permanentes de carregadores exatamente por causa da natureza intermitente do trabalho que necessitam. Para reduzir a incerteza da renda e do emprego, os trabalhadores dos portos se organizam coletivamente na forma de "pool" de pessoas, e as embarcações contratam os indivíduos desse *pool*. A regulamentação do mercado de trabalho dos portos focaliza o mercado como um todo já que não haveria como garantir o emprego em cada navio que atraca. O foco é a proteção do trabalhador no mercado e não no posto de trabalho, porque este é mutante por causa da natureza desta atividade econômica.

Há outro exemplo, muito semelhante ao dos portos: a Construção Civil. Em alguns países as empresas que fornecem a mão de obra para os canteiros de obras negociam com os sindicatos de trabalhadores para organizar o *pool* de trabalhadores especializados (pedreiros, azulejistas, marceneiros, encanadores etc.) e praticam um arranjo semelhante ao dos portos. Neste caso, os trabalhadores não são avulsos porque suas tarefas duram algumas semanas. Mas de qualquer forma os empregos são de curta duração e o conhecimento de cada uma das ocupações é de caráter nitidamente geral. A tarefa de assentar tijolos para erguer uma parede, por exemplo, não difere de canteiro a canteiro. Novamente, os dois elementos aparecem: conhecimento geral e vínculos de curta duração, originando um arranjo coletivo para garantir que o trabalho existente seja distribuído entre o *pool* de trabalhadores.

Os dois exemplos apontam que a regulamentação tem como objetivo a proteção do emprego do trabalhador, mas o foco nestes dois casos é diferente do tradicional. Enquanto a regulação tradicional procura proteger o vínculo, a proteção em mercados com predominância de conhecimento geral procura disciplinar o mercado, pois o vínculo ou não existe ou é muito fraco.

Neste ponto, podemos adicionar mais um exemplo, muito concreto e contemporâneo: a ideia da *Flexecurity*, ou Flexsegurança, que alguns países europeus começaram a praticar, a partir das resoluções de Lisboa (EUROPEAN FOUNDATION, 2007). Como se sabe, alguns países da Europa, notadamente a Dinamarca e a Holanda e em alguma medida a Alemanha, começaram a rever as ênfases de suas políticas públicas que historicamente protegeram os vínculos de emprego. A *Flexecurity* é uma tentativa de mudar o foco da regulação, diminuindo as garantias de emprego e aumentando a proteção no mercado de trabalho. Para que os trabalhadores desligados de seus antigos empregos sejam protegidos, estes países procuram reforçar a proteção aos desempregados, concedendo benefícios do seguro-desemprego mais longos e generosos e ao mesmo tempo oferecendo programas de treinamento e reciclagem com o objetivo de aumentar as chances de obter nova colocação no mercado de trabalho. Não se pretende aqui discutir a *Flexecurity* em si, apenas se registra o surgimento desta nova família de políticas públicas de proteção aos trabalhadores que se tornam coerentes com um quadro de redução do conhecimento específico e predominância do conhecimento geral nos mercados de trabalho.

Provavelmente, a maior parte dos empregos sempre foi constituída de ocupações com predominância do conhecimento geral, nas quais os vínculos são quase sempre de curta duração. A teoria econômica aqui apresentada nos informa que nas grandes empresas, aquelas nas quais a probabilidade de existir conhecimento específico é maior, a proteção do vínculo pode até emergir na forma de autorregulação ou de autocomposição. Talvez o Direito do Trabalho não tenha ainda dado importância a estas diferenças, e tem procurado regulamentar e tutelar todos os vínculos, oferecendo proteção contra o desligamento, independentemente da natureza do conhecimento predominante em cada situação concreta e em cada organização. A partir do que foi apresentado neste texto, pode-se conjeturar se não seria o caso de mudar a ênfase da proteção e da tutela, pois com o avanço do conhecimento geral no mercado de trabalho, a insistência na proteção do vínculo talvez seja improdutiva.

Certamente, no futuro, continuarão a existir empresas nas quais o conhecimento específico será importante, mas provavelmente serão minoria no mundo das organizações. Levando isso em conta, e considerando que a maioria das relações de emprego terá como base o conhecimento geral, pode--se concluir que empregos eventuais e vínculos de curta duração deverão ser predominantes. Neste cenário, o Direito do Trabalho poderia reduzir a ênfase na proteção do vínculo e na tentativa de enquadrar como vínculo permanente situações que são essencialmente transitórias. Carregando na caricatura, seria como se o Direito do Trabalho quisesse atribuir vínculo de emprego a situações de trabalho semelhantes às dos trabalhadores avulsos. Ao invés de estender o guarda-chuva do vínculo para todas as situações de emprego, talvez fosse mais interessante apenas generalizar e estender para os trabalhadores sem vínculo permanente — que provavelmente serão a maioria — um número pequeno de direitos mais importantes.

Por outro lado, haverá diversos aspectos a considerar para a proteção do trabalhador, não necessariamente ligados ao vínculo. A maior aproximação entre o Direito do Trabalho e a Seguridade Social seria uma via a ser percorrida (WEISS, 2011). A proteção da saúde, da segurança e das condições de trabalho, seguramente seria uma área a ser preservada como essencial no Direito do

Trabalho. Os aspectos relativos ao Direito Coletivo, igualmente seriam essenciais como foco do Direito do Trabalho, para oferecer garantias e viabilidade à negociação coletiva. Em suma, transformações do mundo do trabalho sugerem que a prioridade da proteção do vínculo poderia ser substituída pela prioridade da proteção no mercado de trabalho.

Referências

BECKER, Gary S. *The economics of discrimination.* Chicago: University of Chicago, 1957.

_____ . *Human capital.* New York: National Bureau of Economic Research, 1961.

COMMONS, John. *Labor and administration.* New York: Macmilan, 1973.

DOERINGER, Peter B.; PIORE, Michael. *Internal labor markets and manpower analysis.* Lexington: Heath Lexington Books, 1971.

ESTADÃO. *Na internet, um novo tipo de trabalho.* p. B12, 23.10.2011.

EUROPEAN FOUNDATION for the Improvement of living and working conditions. *Approaches for Flexecurity* — EU Models, 2007.

LAZEAR, Edward P. *Personnel economics.* The MIT, 1996.

MALTHUS, Thomas R. *Essay on the principle of population,* 1798.

MARSHALL, A. *Principles of economics.* 8. ed. London: Macmillan, 1920.

MILL, John Stuart. *Principles of political economy with some applications to social philosophy.* São Paulo: Nova Cultural (Brazilian edition in Portuguese), 1988.

MINCER, Jacob. Education and unemployment. *In:* MINCER, Jacob (ed.). *Studies in human capital.* Cambridge: Edward Elgar, 1993.

RICARDO, David. *On the principles of political economy and taxation,* 1817.

RIFKIN, Jeremy. *End of work:* the decline of the global labor force and the dawn of the post-market era. Little Brown, 1995.

SCHULTZ, Theodore W. Investment in human capital. *The American Economic Review,* 51, n. 1, p. 1-17, mar. 1961.

SMITH, Adam. *The wealth of nations.* 1776 repr. Chicago: University of Chicago, 1976.

WEBB, Sidney; WEBB, Beatrice. *Industrial democracy.* London: Longman Green, 1920.

WEISS, Manfred. Re-inventing labour law? *In:* DAVIDOV, Guy; LANGILLE, Brian (eds.). *The idea of labour law.* Oxford: Oxford University, 2011.

ZYLBERSTAJN, Hélio. Labor economics, corporate governance, and corporate social responsability: interfaces and boundaries. *In:* BLANPAIN, Roger; BROMWICH, William;

RYMKEVICH, Olga; SENATORI, Iacopo. *Rethinking corporate governance:* from shareholder value to stakeholder value. Amsterdam: Kluwer Law International, 2011.

_____ . The end of jobs: a case of theoretical convergence? *The International Journal of Comparative Labour Law and Industrial Relations*, Amsterdam, v. 26, Issue 4, p. 389-400, dec. 2010.

O MERCADO DE TRABALHO DOS PROFISSIONAIS DE NÍVEL EDUCACIONAL SUPERIOR — UMA VISÃO OCUPACIONAL E SUAS IMPLICAÇÕES

Roberto Macedo[*]

INTRODUÇÃO

Desde sua introdução no Brasil os cursos superiores de graduação são de natureza profissional. Já no início do ensino médio os estudantes procuram alguma especialização ao optar entre ciências humanas, exatas ou biológicas, de olho no vestibular de ingresso no ensino superior. Nesse exame, a opção é por cursos profissionais de uma dessas grandes áreas, a exemplo de Direito, Engenharia e Medicina, respectivamente.

Em tese, um sistema como esse formaria profissionais que no mercado de trabalho encontrariam ocupações típicas da formação profissional escolhida, como as de advogado ou magistrado, no caso dos bacharéis em Direito. Essa

---

[*] Economista (UFMG e USP), com mestrado e doutorado pela universidade Harvard (EUA). Na Faculdade de Economia, Administração e Contabilidade (FEA), da USP, foi professor titular, chefe do Departamento de Economia e diretor da faculdade. Foi secretário de Política Econômica do Ministério da Fazenda e dirigente de entidades de classe patronais. É professor associado à FAAP e consultor econômico e na área educacional. Este artigo retoma ideias desenvolvidas no seu livro *Seu Diploma, sua Prancha — como escolher a profissão e surfar no mercado de trabalho* (São Paulo: Saraiva, 1998), e em vários artigos publicados no Caderno de Empregos do jornal *O Estado de S. Paulo*, ao lado de percepções mais recentes que serão incorporadas em nova edição do mesmo livro, prevista para 2014. O autor agradece a Luiz Alberto de Souza Aranha Machado e José Pastore as sugestões apresentadas a uma primeira versão deste artigo.

visão, entretanto, ignora que o mercado de trabalho se organiza por ocupações, definidas pela natureza da atividade efetivamente exercida, as quais existem em número muito maior do que o das profissões. Ignora também que embora muitas ocupações tenham um diploma de curso superior de graduação como requisito educacional, em várias delas tal requisito é definido de forma muito flexível, como nas de agentes fiscais tributários e diplomatas, em que é preenchido por qualquer diploma desse tipo.

A mesma visão também despreza o fato de que o mundo das ocupações é muito mais dinâmico do que o sistema de ensino superior. Por exemplo, com o surgimento e avanço da internet, vieram novas ocupações como a de desenhista de portais — o *webdesigner* —, e a de blogueiro.

Contrastando com esse dinamismo ocupacional, nosso sistema de ensino superior de graduação teve sua origem e expansão sempre marcada por mais cursos do mesmo tipo e alguns novos, mas sempre numa visão segmentada profissionalmente, tudo em instituições marcadas por extremo conservadorismo em mudar suas estruturas curriculares e práticas de ensino. Duas inovações que se consolidaram na última década foram a criação dos cursos profissionalizantes com duração de dois anos e o ensino superior a distância, mas sempre na linha da mesma visão profissional que despreza o mundo das ocupações.

Ademais, no mercado de trabalho não se pode esperar que o número de vagas oferecidas em ocupações típicas dos profissionais formados em cada curso de graduação esteja bem próximo do número desses graduados, este somado àqueles que se formaram no passado e não encontraram ocupações específicas de cada curso.

Como resultado dessas e outras circunstâncias, a correspondência entre profissões e suas ocupações típicas nem sempre ocorre, e sabe-se que em geral o descolamento entre esses dois grupos aumentou entre os censos de 1980 e 2000. Quando concluíamos este texto, em abril de 2012, os microdados do censo de 2010 ainda não estavam disponíveis para permitir a análise do que aconteceu na última década.

Focado na análise dessa dissonância entre profissões e suas ocupações típicas e em algumas de suas implicações, e sempre no âmbito das profissões de nível educacional superior, o texto a seguir foi organizado em seis seções. A primeira revê os conceitos de profissão e de ocupação, mostrando suas inter-relações e a necessidade de maior difusão dos conceitos e do conteúdo analítico da Classificação Brasileira de Ocupações (CBO). A seção 2 apresenta alguns exemplos de dissonâncias e convergências entre profissões e suas ocupações típicas. A terceira sintetiza na tríade do ciclo VOP (vocação-profissão-ocupação), uma visão da dinâmica que vai da vocação à profissão, em seguida às ocupações, e destas eventualmente à mudança de profissão. A seção 4 conceitua o especialista generalizante, o profissional que tipifica esse processo com maior sucesso, pois, embora especialista, tem condições de ampliar seu leque de oportunidades no mercado de trabalho, dada sua capacidade de desempenhar várias ocupações. A quinta seção trata da era pós-profissional, um conceito desenvolvido pela socióloga ítalo-americana Magali Sarfatti, o qual mostra que a pulverização ocupacional enfraquece o conceito tradicional de profissão. A seção 6 conclui com implicações da análise na forma de propostas para ampliar a orientação profissional estendendo-a à ocupacional, e para mudar a estrutura dos cursos de graduação no Brasil, com a adoção de um ciclo básico e interdisciplinar previamente à busca de alguma especialização profissional nesse nível. A especialização maior caberia à pós-graduação, ainda que já admitindo-a em grau elevado na graduação em alguns cursos por tradição mais especializados, como os de Engenharia, mas também com um conteúdo de interdisciplinaridade no seu ciclo básico. Além disso, numa temerária incursão numa das áreas em que se destaca o homenageado por este livro, também será apresentada uma implicação quanto às relações do trabalho, no caso da estrutura das organizações sindicais. Cada seção é dividida em subseções para facilitar a leitura.

Profissões e ocupações

Uma das dificuldades a serem superadas para permitir o avanço do conceito de ocupação e das análises ocupacionais no Brasil é que esse conceito é pouco difundido fora de círculos especializados, como o de administradores de recursos humanos. Assim, retomarei esse conceito, voltando primeiro ao de profissão que é mais difundido e às vezes até estendido a ocupações que equivocadamente são chamadas de profissões.

Estas últimas são as titulações alcançadas com a formação educacional, como, por exemplo, as de bacharel em Direito ou em Economia, cujos detentores são usualmente chamados de advogados e economistas, respectivamente. Por sua vez, ocupação é o que de fato uma pessoa faz no mundo do trabalho.

Mais especificamente, uma ocupação é a designação dada ao responsável por "um agrupamento de tarefas, operações e outras manifestações que constituem as obrigações atribuídas a um trabalhador e que resultam na produção de bens e serviços", segundo a Classificação Brasileira de Ocupações (CBO), organizada e revista periodicamente pelo Ministério do Trabalho e Emprego, e à qual voltaremos mais à frente.

Há ocupações típicas de cada profissão. Por exemplo, a de um engenheiro civil ocupado como tal na construção civil. Entretanto, também pode acontecer que esse engenheiro acabe por trabalhar em ocupações atípicas da sua formação profissional. Por exemplo, bancos costumam contratar engenheiros como analistas financeiros e é comum encontrá-los ocupados em tarefas administrativas em geral e como fiscais de impostos federais, estaduais e municipais.

A propósito, pode-se imaginar uma profissão como o tronco de uma árvore na "floresta" do mercado de trabalho. Com seus galhos ela leva a várias ocupações típicas dessa profissão. Às vezes, entretanto, os galhos de um tronco se entrelaçam e se comunicam com os de outro, de tal forma que é difícil identificar o tronco a que pertencem. Assim, há ocupações que podem ser exercidas por diferentes profissionais. Por exemplo, as de analista financeiro e de gerente de crédito e cobrança são típicas tanto de economistas, como de administradores e contadores.

Na metáfora em que o diploma é imaginado como uma prancha, e que deu título a meu livro citado na primeira nota de rodapé [MACEDO (1998)], as pessoas nela se sustentam para surfar num mar de oportunidades ocupacionais, cujas ondas muitas vezes levam o surfista a ocupações atípicas da profissão original. Pode-se também imaginar, por exemplo, que engenheiros venham a surfar nas praias mais buscadas por economistas. Disso decorrem várias implicações que serão retomadas mais adiante neste texto. Uma delas é que as pessoas precisam se preparar para buscar ou encontrar ocupações tanto típicas como atípicas de sua profissão. Outra, já apontada, é que os cursos universitários deveriam facilitar esse preparo mediante oferecimento de ciclos básicos comuns a vários cursos ou formações profissionais.

PROFISSÕES E OCUPAÇÕES: QUANDO OS CONCEITOS SE CONFUNDEM

A ocorrência disso é comum e vamos nos restringir a um único exemplo, que abrange vários casos e também enseja várias reflexões. Em 2008, a revista Você S/A mostrou interessante matéria intitulada *A era do trabalho 2.0*, em que apresentava "dez *profissões* (ênfase nossa) que até bem pouco eram desconhecidas".[1] Na realidade, eram *ocupações* (*idem*) que detalhavam o que faziam os profissionais entrevistados na matéria. Felizmente, o texto também revelou as profissões de quase todos os envolvidos nessas ocupações, o que não significa que tenham mudado de profissão, mas, sim, que exerciam ocupações pouco conhecidas, típicas ou não das profissões que escolheram.

---

(1) A matéria está disponível em: <http://www.abopbrasil.org.br/home/index.php?option=com_content&view=article&id=24&catid=6:geral&Itemid=2>.

Para esclarecer melhor, listaremos as ocupações de que trata a reportagem e, entre parênteses, as profissões declaradas pelos entrevistados, quando isso ocorreu, ou indicações, também dadas pelos mesmos, de quais seriam. A lista: desenvolvedor de sementes (agrônomo), arquiteto da informação, farmacoeconomista (administração, economia, farmácia e medicina), *marketing* olfativo (comunicação), consultor de agricultura sustentável (agrônomo), cientista do exercício (educação física), ocupado em *webmarketing* (jornalista), articuladora de parcerias (jornalista), gerente de diversidade (economista com pós em comércio internacional e *marketing*), e corretora *online* (*marketing*).

COMO DISTINGUIR PROFISSÃO DE OCUPAÇÃO?

Na sua essência, a profissão é um atributo da pessoa. A ocupação, da atividade que ela exerce. Usualmente, a pessoa escolhe um curso que em princípio a credencia a exercer determinada profissão, a que consta de seu diploma. Algumas vão trabalhar em ocupações, cargos ou funções típicas da profissão, como os agrônomos citados. Outras se ajustam a ocupações em princípio atípicas, como se percebe pela lista apresentada, mas que um profissional que seja especialista eclético ou generalizante também se revela capaz de exercer. Um profissional desse tipo é aquele que é especialista em alguma coisa, mas capaz de aprender coisas novas e de se ajustar a diferentes oportunidades de trabalho, na sua área ou fora dela, por interesse ou por necessidade.[2]

Já a caracterização de uma ocupação é indissoluvelmente ligada àquilo que a pessoa de fato faz, dependente ou independentemente da profissão, seja por conta própria ou como empregada. Neste último caso, a atividade produtiva do empregador é que define as suas necessidades de mão de obra e, assim, as ocupações que oferece. Trabalhadores autônomos e profissionais trabalham em ocupações ligadas a suas qualificações, a seus interesses às vezes mutantes e às oportunidades de trabalho que encontram.

Assim, vale insistir, a ocupação é mais um atributo da atividade exercida pela pessoa. Como a própria lista da Você S/A, acima citada, de novo revela, a descrição das ocupações envolve maiores detalhes. Com isso, o número de ocupações encontradas no mercado de trabalho é muito maior que o de profissões.

Para firmar o conceito, vale repetir a definição da CBO: é designação dada ao responsável por "um agrupamento de tarefas, operações e outras manifestações que constituem as obrigações atribuídas a um trabalhador e que resultam na produção de bens e serviços". É preciso que se firme a distinção entre profissão

---

(2) Macedo (1998), p. 249.

e ocupação, em particular para conhecer o papel que a formação educacional desempenha no mercado de trabalho.

No caso do exercício de ocupações típicas, evidentemente o nome da ocupação pode coincidir com o da profissão, como no caso de médicos.

A CBO

Ela é muito importante para conhecer essa dimensão mais ampla do mercado de trabalho, o mundo das ocupações, em complemento à visão usual limitada ao das profissões a qual não percebe que as oportunidades de trabalho são oferecidas na forma de ocupações que podem ser típicas ou não da profissão escolhida.

A CBO, objeto de necessárias e sucessivas atualizações — o que de novo contrasta com os cursos e currículos do sistema educacional —, descreve as ocupações existentes no Brasil dentro do seu mercado formal de trabalho, onde as relações de emprego envolvem vínculo empregatício formalizado, como a nomeação pelo governo ou o registro contratual na carteira profissional.

O trabalho que leva à CBO recorre a comitês de profissionais que partem da premissa de que a melhor descrição de uma ocupação é aquela feita por quem efetivamente a exerce. A penúltima revisão da CBO foi feita em 2002 e a última em 2010. As considerações que se seguem são baseadas na edição de 2002.

Ela é estruturada em códigos numéricos e respectivos títulos. A descrição de ocupações ocorre no chamado grupo de base ou família ocupacional, em que o código tem quatro dígitos. Para chegar a um desses grupos, os pesquisadores observam um conjunto de ocupações para identificar processos, funções ou ramos de atividade similares.

Por exemplo, o código 1423 agrupa os gerentes de comercialização, *marketing* e comunicação. Como em outros grupos, nesse a Classificação Brasileira de Ocupações descreve sumariamente o trabalho desses gerentes (por exemplo, elaboram planos estratégicos nessas áreas) e menciona o nível educacional exigido (curso superior), a experiência (quatro a cinco anos), as condições gerais de exercício (entre outras, eles trabalham como assalariados e em equipes) e os recursos de trabalho (por exemplo, microcomputadores e periféricos). Com dois dígitos a mais, a CBO lista os títulos ocupacionais ou ocupações específicas da família, como gerente comercial e outros, mas apenas citando-os sem entrar em detalhes.

A CBO apresenta 596 grupos de base, que abrangem 2.422 ocupações e 7.258 títulos sinônimos, o que mostra a enorme amplitude do universo ocupacional. Entre outras curiosidades, a CBO lista a ocupação de tanatólogos (especialistas na técnica de conservação e maquiagem de cadáveres) e a de profissionais do sexo. Na versão impressa, a última CBO veio em três volumes, totalizando 1.429 páginas. Interessados em consultar ou obter a última versão da CBO devem buscar a conexão própria do *site* do Ministério do Trabalho e Emprego (<www.mtecbo.gov.br/cbosite/pages/home.jsf>).

Para que serve a CBO? Entre outros usos, com seus códigos é utilizada por empregadores para listar as ocupações de seus empregados em registros administrativos do governo, como a Relação Anual de Informações Sociais (RAIS), preenchida e entregue anualmente.

Os dados assim coletados deveriam receber maior divulgação e análise para suprir a carência de informações dos que buscam o mercado de trabalho. No ensino superior essa carência é clara, pois se impõe ao jovem a escolha profissional precoce e a especialização exagerada e prematura dos cursos de graduação, tudo na tradicional e ultrapassada visão das profissões isolada de suas perspectivas ocupacionais.

De seu lado, o mundo do trabalho frequentemente exige flexibilidade ocupacional e esta uma formação educacional que combine adequadamente a especialização e conhecimentos mais gerais, capazes de facilitar a adaptação a diferentes ocupações. Inclusive as que surgem como resultado da evolução tecnológica e das demandas sociais, pois só depois o sistema educacional vem com suas respectivas "novidades" em termos de cursos, mas sempre na perspectiva profissional, sem atentar para a ocupacional.

Há no Brasil a necessidade de a CBO e seus dados serem integrados em um esforço maior, o de produzir estimativas periódicas do número de trabalhadores em cada ocupação, junto com uma análise das suas perspectivas em termos de oportunidades de trabalho. Não se pode falar em perspectivas profissionais sem examinar as ocupacionais. Em outras palavras, na corrente de informações que orienta sobre mercado de trabalho estão faltando os importantes elos entre as profissões e as ocupações, indispensáveis à orientação profissional e ocupacional e às decisões de caráter educacional.

Exemplos de descolamentos entre profissões e ocupações e de suas combinações

ENGENHEIROS ADMINISTRADORES

Tenho grande apreço pela formação em Engenharia. Ela não apenas fornece a especialização na área, mas também abre espaço para o exercício de ocupações administrativas e financeiras, entre outras, pois enfatiza muito a solução de problemas, exige forte dedicação aos estudos e exercita intensamente o raciocínio lógico-matemático.

Assim, o curso é um dos que mais difundem a arte de aprender a aprender, permitindo que, por interesse ou necessidade, o engenheiro tenha facilidade de dominar conhecimentos de outras áreas, e de ocupar-se também nas mesmas.

Não sem razão, há evidências de um grande número de engenheiros trabalhando dessa forma. Como já foi dito, um caso que conheço é o da forte presença deles em ocupações de administração e fiscalização tributária dos governos federal, estaduais e municipais. Nesse caso, os concursos de ingresso há tempos mostram que os engenheiros se destacam como a profissão que mais aprova candidatos. Isso, apesar de os concursos envolverem disciplinas que não integram o currículo usual das escolas de Engenharia.

Um aspecto por elucidar é como os engenheiros buscam esses conhecimentos. Nos concursos, estudam por conta própria ou fazem os cursos preparatórios oferecidos aos candidatos. Sei também de organizações onde entram numa determinada área, digamos, no chão de fábrica, e depois ascendem na hierarquia funcional por sua capacidade de resolver problemas manifestada nas inúmeras reuniões que elas realizam com esse objetivo.

Também recebem treinamento no próprio trabalho e o complementam por conta própria. Em programas de pós-graduação em administração, é comum encontrar engenheiros que buscam uma formação também voltada para tarefas de gestão em que se envolvem, o que indica sua carência de uma formação com conteúdo interdisciplinar.

Certa vez deparei-me com um anúncio do Sindicato dos Engenheiros no Estado de São Paulo (SEESP), afixado numa escola de Engenharia, oferecendo uma série de cursos de curta duração integrados no seu Programa Engenheiro Empreendedor.[3] Os temas que este abrangia denotavam uma preocupação não apenas com o engenheiro como empreendedor por conta própria ou formando empresa com sócios, mas também com sua condição de empregado às voltas com tarefas de gestão.

Assim, a lista de cursos do programa revelava empenho em oferecer uma formação que o engenheiro procura pelas dificuldades e oportunidades que encontra no seu próprio mercado de trabalho, e para dominar competências e melhor concorrer com profissionais de outras áreas. Eram estes os cursos do programa: Negociação, Qualidade Máxima no Atendimento ao Cliente,

---

(3) Quando este artigo era concluído, vi que esse programa continuava em andamento, conforme o *site* da entidade (<http://www.seesp.org.br/site/>) na sua conexão Cursos e Oportunidades.

Como Definir Preço de Venda na Indústria, Inteligência Emocional, Aprender a Empreender, Negociação: Conquistando Resultados e Administrando Conflitos, Consultoria Empresarial, Fluxo de Caixa, Recursos Humanos: Legislação, Rescisões Trabalhistas e Departamento de Pessoal na Prática, Gestão de Projetos, Licenciamento Ambiental de Postos de Gasolina, Planejamento Integrado e Gestão Ambiental, e Oratória.

Se há essa carência educacional por parte dos engenheiros — e o mesmo se aplica a outros profissionais cuja formação poderia ser muito fortalecida com cursos desse tipo —, a questão que se coloca é por que isso não poderia ser em parte oferecido antes, pelo menos nas suas noções básicas, nos próprios cursos de graduação. Aí a coisa emperra porque, entre outras dificuldades, nosso sistema universitário é equivocadamente focado em faculdades isoladas umas das outras, quase sempre impedindo ou dificultando que os estudantes diversifiquem seu currículo com algumas disciplinas de outras áreas.

Creio que o surgimento das chamadas "universidades corporativas" procura em parte suprir no próprio âmbito empresarial algumas dessas carências do sistema universitário brasileiro. É verdade que o conceito surgiu nos EUA como uma forma de as empresas proporcionarem a seus funcionários, clientes e fornecedores conhecimentos específicos ligados às atividades empresariais de cada uma delas. Isto, além de responderem à permanente necessidade de atualizar conhecimentos, pois o sistema educacional externo não faz isso com presteza. Aqui no Brasil, entretanto, é muito provável que essas "universidades" estejam também trabalhando no sentido de proporcionar uma visão da interdisciplinaridade de conhecimentos e de flexibilidade ocupacional que as escolas não oferecem, pois isto diz respeito à capacitação de seus parceiros, a qual é um diferencial decisivo de competitividade.

Piloto e psicólogo

Teve destaque no noticiário da época o pouso no rio Hudson, em Nova Iorque, de um avião da companhia *US Airways*, com 155 passageiros, no dia 15.1.2009, sem vítimas, depois que dois motores da aeronave foram seriamente avariados logo após a decolagem, em decorrência de choque com pássaros.

Entre a decolagem e o pouso passaram-se apenas cinco minutos, e neles o papel principal foi o do comandante do avião, Chesley B. Sullenberger, III, conhecido como Sully. Além da competência demonstrada, destacou-se também pela ética profissional ao vistoriar por duas vezes o avião para certificar-se de que todos os passageiros o haviam deixado. O ocorrido me lembrou aquelas histórias de comandantes de navio como os últimos a deixar seu barco, infelizmente manchada pelo caso do comandante Francesco Schettino, responsável pelo navio Costa Concordia, que naufragou em 13.1.2012, no litoral italiano.

Depois do que aconteceu, Sully passou a ser tratado como herói. Numa outra linha, destacaremos sua idade, 57, e a grande experiência, para ressaltar a importância de recursos humanos com essas características que no Brasil são frequente e equivocadamente desprezadas por empregadores. Seu currículo também confirma que a formação profissional nem sempre é única, que as ocupações a que leva constituem um conjunto bem maior, e que a continuidade da educação é importante.

Pilotos de avião costumam ter a formação educacional bem específica da profissão, e vários iniciaram a carreira nas forças aéreas nacionais. Sully passou por esse caminho, mas ao cursar a Academia da Força Aérea (AFA) dos EUA, uma instituição de ensino superior que alcança várias áreas, saiu de lá com um bacharelado em Psicologia(!), o que por si mesmo denota a amplitude curricular oferecida pela AFA. Depois dela, concluiu dois mestrados, um em Psicologia Industrial e outro em Administração Pública(!).

Ao descrever suas qualificações, além das ligadas à aviação, Sully lista controle de qualidade, treinamento e desenvolvimento profissional, gestão de estoques, serviços ao consumidor, relacionamentos e aumento de produtividade, entre outras. Dá a sensação de ser um consultor polivalente que de vez em quando pilota um avião.

4. A tríade do ciclo VOP

VOP foi o nome que atribuí ao ciclo que envolve vocação, profissão e ocupação, conforme mostrado pela Figura 1. A vocação vem de vontades, avaliações pessoais e informações sobre o mundo do trabalho. Ela se expressa pelo desejo de assumir determinada profissão, o que leva a um curso que confere a titulação correspondente no caso das profissões de nível superior, o focado neste artigo. Uma pessoa poderá percorrer um ou vários caminhos desse ciclo e nem sempre na mesma direção. Poderá ir da vocação para a profissão e daí para uma ocupação típica desta. Mas poderá encontrar nova vocação por reflexão própria. Ou porque chegou a uma ocupação atípica da profissão, pois foi nela que encontrou trabalho, ou porque foi descoberta por informações ou mesmo experimentada de início como um *hobby*.

Figura 1

A DINÂMICA
VOCAÇÃO- PROFISSÃO-OCUPAÇÃO
NO MERCADO DE TRABALHO

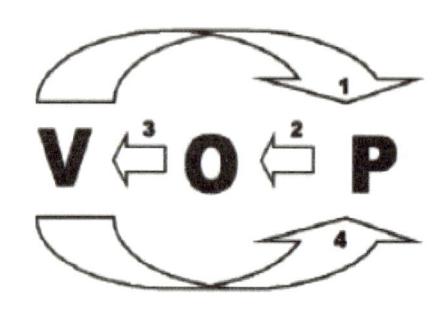

```
        ┌─────1──────┐
        ↓            │
    V ⇐³ O ⇐² P
        │            ↑
        └─────4──────┘
```

V = VOCAÇÃO   O = OCUPAÇÃO   P= PROFISSÃO

Fonte: Macedo (2014), *Seu Diploma, sua Prancha*, edição revista e ampliada, em elaboração, de Macedo (1998).

Assim, nessa figura e no movimento indicado pela seta 1, a pessoa tem vocação que leva a uma profissão, como a de engenheiro mecânico. No movimento associado à seta 2, poderá encontrar ocupação típica dessa profissão e até aposentar-se como tal, encerrando seu trajeto pelo ciclo. Porém, essa oportunidade poderá não surgir. Por exemplo, o movimento indicado pela seta 2 poderia levar a uma ocupação atípica, digamos, de assistente administrativo numa indústria, ou à de analista financeiro de um banco.

Passando a exercer ocupações como essas, a pessoa talvez fique frustrada em sua vocação de engenheiro mecânico, e persista na busca de uma ocupação típica dela. Ou poderá encontrar satisfação no trabalho que passou a realizar, daí reexaminando sua vocação, num movimento indicado pela seta 3. Isso feito, buscará ou não um curso para obter a formação e titulação profissional correspondente à nova vocação e eventualmente realizar o movimento da seta

4. Se fizer isso e permanecer na ocupação onde estava, o movimento da seta 2 será automático, pois a pessoa já estava ocupada e numa ocupação típica da nova profissão. Mas, se voltar a assumir uma atípica dela, o ciclo poderá se repetir.

O reexame da vocação a ponto de buscar novo curso será ditado por razões como a busca da satisfação pessoal, a necessidade de conhecimento adicional e a importância dos requisitos formais da nova profissão, inclusive na avaliação do empregador, dos colegas de trabalho e do meio social em geral.

Vale notar, também, que do ponto de vista de quem está identificando sua vocação para escolher uma profissão, os movimentos envolvidos na Figura 1 dizem respeito ao futuro. Assim, envolvem situações de incerteza, entre elas a de saber se a escolha será adequada ou não e, supondo que seja, será uma ocupação típica ou não da profissão escolhida.

Ora, esses elementos de incerteza não são ponderados adequadamente no processo de orientação profissional, pois nele a identificação vocacional é feita a partir de traços pessoais do orientando. Mesmo supondo uma escolha satisfatória do ponto de vista pessoal, haverá a incerteza ocupacional, não levada em conta no processo de orientação.

Para esclarecer melhor essa situação e suas implicações, recorrerei a dois psicólogos muito conhecidos na literatura sobre tomada de decisões, entre outras razões pela análise que fizeram das dificuldades que as pessoas enfrentam ao decidir em condições de incerteza. Referimo-nos Tversky e Kahneman (1974), o segundo agraciado com o Nobel de Economia de 2002. Quando o recebeu e em várias outras oportunidades, Kahneman expressou seu reconhecimento pela colaboração de Tversky, então já falecido. Eles argumentaram que ao decidir em condições de incerteza muitas pessoas deixam de lado a complexidade de avaliar probabilidades e de fazer previsões, e decidem com base em raciocínios simplistas muitas vezes equivocados.

Embora sem se referirem especificamente à orientação profissional, esses autores dão um exemplo que vi relacionado a essa questão, ao mostrar a fragilidade do raciocínio baseado apenas em características pessoais. E achei importante esse recurso a dois psicólogos, pois no Brasil a orientação profissional é predominantemente realizada por profissionais desse tipo que no processo não incorporam a visão ocupacional. O exemplo tirado desses autores é um em que pessoas examinaram traços pessoais de outra para responder à seguinte pergunta: em que tipo de ocupação a pessoa sob exame provavelmente estaria trabalhando dada uma lista de ocupações possíveis, incluindo, por exemplo, as de trabalhador agrícola, vendedor, piloto de aeronaves, bibliotecário e médico? Os traços examinados eram de uma pessoa tímida, prestimosa, que apreciava detalhes, ver tudo em ordem e de forma bem estruturada. Na resposta, as pessoas faziam apenas a associação dessas características a ocupações específicas, usando apenas um raciocínio de similaridade. E concluíram tomando as características pessoais como o estereótipo de um bibliotecário. Contudo, esse raciocínio ignorou a probabilidade de a pessoa estar ocupada como tal. Ora, sabendo-se que o número de trabalhadores agrícolas é muito maior do que o de bibliotecários, isso deveria ser levado em conta na avaliação de probabilidades, o que indicaria como maior a probabilidade de essa pessoa estar ocupada no setor agrícola.

Portanto, é do ciclo sintetizado pela Figura 1, recentemente completado pelas considerações desses renomados psicólogos, ao lado das observações que por muitos anos fui recolhendo sobre o papel da educação no mercado de trabalho, que vem minha pregação de que a orientação para identificar vocações e escolher profissões e cursos deve necessariamente incluir amplas informações sobre o mundo das ocupações. Em particular, em lugar de guias voltados exclusivamente para profissões, é preciso oferecer um ou mais de perspectivas ocupacionais, sempre identificando em cada ocupação, entre outros aspectos, a disponibilidade de oportunidades, e os requisitos educacionais exigidos, em particular para mostrar os muitos casos em que uma mesma ocupação poderá ser exercida por pessoas de diferentes profissões. Mais recentemente, em face do estudo que fiz da obra dos dois psicólogos citados, minha percepção é que o ciclo VOP deve incluir também considerações ligadas ao cálculo de probabilidades.

5. O ESPECIALISTA ECLÉTICO OU GENERALIZANTE

Tome-se, por exemplo, ocupação de analista do Banco Central, ou da carreira de diplomata, do Ministério das Relações Exteriores, cujos concursos são abertos a qualquer candidato com diploma de curso superior em nível de graduação, devidamente registrado conforme as exigências do Ministério da Educação. Nesses, como em muitos outros concursos e outros processos seletivos nos quais não há requisito de formação específica, os resultados mostram entre os aprovados um mosaico de profissionais de várias áreas. Ora, se é assim, cabe perguntar: que características têm as pessoas mais aptas a disputar com sucesso um leque mais amplo de oportunidades do que o dado pelas ocupações típicas de sua profissão?

Minha resposta a esta pergunta foi influenciada por um artigo de Weber (1997). Nele, o autor descreveu as características de um administrador com capacidade de aproveitar oportunidades em diferentes empresas e subir na sua hierarquia funcional.

Para sintetizar essas características, Weber criou a figura do especialista generalizante, que chamo também de eclético. Ele combina sua formação profissional especializada em alguma área com a capacidade de dominar e integrar conhecimentos de outras. Minha avaliação é a de que, também no Brasil, o profissional com maior chance de sucesso no mercado de trabalho é também esse especialista generalizante cujas qualificações mais amplas preenchem requisitos de um leque de ocupações que vai além das típicas da profissão escolhida.

Em particular, entre essas habilidades está a capacidade de aprender coisas novas e de integrá-las conforme os requisitos da ocupação disputada, ou mesmo do trabalho por conta própria, ou, ainda, na condição de empreendedor. Como outras características do especialista generalizante, Weber menciona a facilidade de comunicação, de relacionamento e de liderança, mas entendo que estas estão mais relacionadas com a capacidade de subir na hierarquia da organização onde esse profissional passa a trabalhar.

Sob o aspecto educacional, ele domina o que é fundamental na educação, o aprender a aprender. Não se trata apenas de aprender e de se sair bem nas provas de um vestibular ou de um curso, mas, principalmente, de a pessoa aprender coisas novas por si mesma, em escolas ou como autodidata, na própria área de especialização ou fora dela, por interesse ou por necessidade. Esse domínio é indispensável não apenas a recém-formados, mas também a profissionais que, por várias razões, estejam interessados numa nova ocupação ou mesmo em mudar de profissão ou, em qualquer caso, avançar em sua carreira.

Infelizmente, desde a educação básica, nosso sistema de ensino, além de muito segmentado em disciplinas isoladas, avalia os estudantes preponderantemente exigindo que respondam a provas voltadas para detalhes do que lhes foi ensinado. É um "toma lá" de ensinamentos específicos e um "da cá" de respostas correspondentes. Em outras palavras, as escolas ensinam para passar em exames, com destaque para os voltados para o ingresso no ensino superior. Mas, não ensinam a pensar articuladamente, a aprender a aprender, a se situar diante de contextos interdisciplinares, da eventual necessidade de flexibilidade ocupacional, enfim, de muito do que é necessário para desenvolver carreiras bem sucedidas no mercado de trabalho.

Não deveria ser assim. O ensino de fatos, teorias, problemas, soluções ou dicas quentes para encontrá-las não pode ser dissociado da prática de passar ao estudante temas a estudar e problemas a resolver por si mesmo. Isto, com o professor atuando mais como orientador de métodos de estudo e de pesquisa, e não como provedor de receitas e fórmulas acabadas. Assim, o desafio que as pessoas devem enfrentar para melhorar suas chances no mercado de trabalho é o de estar em condições de por si mesmas resolver problemas. Ou seja, é preciso aprender a aprender para encontrar as soluções.

Por exemplo, tome-se o caso de um oficial da Força Aérea Brasileira que pretenda passar em um concurso como o de analista do Banco Central. Se ele não tiver as referidas características de um especialista generalizante, não terá condições de alçar voo para obter novos conhecimentos e aterrissar na ocupação desejada.

6. A ERA PÓS-PROFISSIONAL

Em 27.12.2007 o jornal *Valor* publicou interessante entrevista com a socióloga ítalo-americana Magali Sarfatti. Ela veio ao Brasil participar da mesa Profissões e Sociedades em Transição, no congresso anual da Associação Nacional de Pós-Graduação e Pesquisa em Ciências Sociais (Anpocs).

Na entrevista abordou tema focado por este artigo, o descolamento entre as profissões e suas ocupações típicas. Da entrevista transparece que isso tem alcance internacional, e na sua análise Sarfatti identifica o que chama de "era pós-profissional", em que o trabalho é marcado por novas formas de inserção dos especialistas.

Sarfatti acompanhou bem o surgimento dessa nova era, o qual é relativamente recente. Prova disso é que trinta anos antes lançou um livro com o título (traduzido) de *A Ascensão do Profissionalismo — Uma Análise Sociológica* (Sarfatti, 1977). Nessa época, disse na entrevista, "a identidade profissional, uma das bases da organização social do mundo moderno, conferia a alguém que pudesse ser identificado como engenheiro, médico ou advogado, o direito de dizer verdades sobre a sua fatia do mundo. A profissão era também um projeto social determinante para a mobilidade social".

Isso levava à criação de grupos corporativos em torno das profissões, com aqueles que as exercem tornando-se identificados e respeitados pela natureza clara dos serviços que ofereciam, como os médicos, assumindo no seu meio social uma posição de poder em face do seu domínio da área.

Hoje, três décadas depois, diz que esse modelo corporativo foi substituído pelo que chama de "especialidades tecnoburocráticas". Uma especialidade desse tipo é uma forma de conhecimento que se insere no social, sem criar grupos corporativos. Exemplificando a partir de ocupações como analista financeiro, especialista em diagnóstico médico por imagens e tradutor de *softwares*, Safatti pondera que as pessoas que as exercem "não assumem mais um projeto coletivo de poder", e argumenta que muitas ocupações que surgiram ao longo do tempo "não são profissões, pois não constroem identidades". Identifico também as profissões de identidade limitada, como a de economista, pois são poucos os graduados em Ciências Econômicas que de fato exercem a ocupação de economista, e muitos os que exercem ocupações dentro de um leque amplo que disputam com administradores, contadores e engenheiros, entre outros profissionais.

Elaborando sobre sua visão, Sarffati diz que no novo *status* "é como se essas pessoas fossem mestres em procedimentos, mas não são o que eram os engenheiros e os advogados, um grupo". E mais: argumenta que um dos "elementos essenciais de uma profissão é a construção de um campo, de uma área do conhecimento em torno da qual crescem paredes", dentro e fora das quais os que a dominam são os únicos autorizados a falar desse campo. Hoje, "essas paredes são cada vez mais fluidas". "Você pode ser qualquer coisa. Pode ser historiador e administrar uma empresa". Ou ser engenheiro e tornar-se um analista financeiro, e depois até um banqueiro, acrescento eu.

Estamos numa fase de transição em que a antiga situação convive com a nova. Ademais, como no caso da Medicina, em algumas profissões os muros continuarão sempre fortes. E há também a construção de novos muros, como o exame exigido dos bacharéis em Direito, pela Ordem dos Advogados do Brasil (OAB), para o exercício profissional. Por sua vez, as novidades vêm das muitas ocupações que são criadas pelo desenvolvimento econômico, institucional e tecnológico, num processo que divide, amplia e diversifica fortemente as atividades que as pessoas exercem ao trabalhar.

O sistema educacional, conservador por natureza, corre atrás desse processo, sem condições de acompanhá-lo, ou até mesmo se equivocando ao tentar fazer isso, com uma profusão de novos cursos e suas ilusórias profissões. Com isso, inadequadamente forma pessoas mais voltadas para a situação antiga, e que saem por aí à procura do que fazer, frequentemente só encontrando oportunidades fora das áreas em que estudaram. Daí o descolamento a que nos referimos.

Evidentemente, a era pós-profissional abre imenso campo para reflexões. Para quem analisa o mercado de trabalho, participa dele ou fará isso no futuro, o importante é acompanhar as mudanças. Elas influenciarão escolhas pessoais e exigirão políticas públicas específicas, como a de informar e orientar jovens nas suas decisões.

7. Algumas implicações: uma orientação profissional também ocupacional, ciclos básicos no ensino superior e as entidades de classe na era pós-profissional

Ampliar a orientação profissional estendendo-a à ocupacional

De modo geral, um jovem recebe orientação profissional e/ou busca por si mesmo, com a ajuda da família e do seu meio social, a formação educacional que leva a uma profissão, como as de médico, engenheiro ou economista.

Sobre as formações educacionais e respectivas profissões, há vários guias que listam os cursos e suas habilitações profissionais. Ou, então, listam as profissões e cursos correspondentes. Exemplo do primeiro formato é o catalogo *A Universidade e as Profissões*, da Universidade de São Paulo. O *Guia do Estudante*, da Editora Abril, trabalha mais com o segundo formato.

Em qualquer caso, supõe-se que com essas e outras informações o jovem estará bem informado, escolherá a profissão, e presume-se também que encontrará uma ocupação típica dela. Contudo, isso está longe de acontecer, tanto porque esse raciocínio é frágil na sua lógica, conforme argumentei ao falar dos movimentos descritos pela Figura 1, como porque mesmo antes de chegar ao mercado de trabalho há também evasões e mudanças de curso.

Uma evidência da dificuldade de escolha emerge da matéria intitulada "Metade dos alunos do 3º ano não sabe qual carreira seguir", publicada pelo jornal *O Estado de S. Paulo*, em 22.8.2011, baseada numa pesquisa com alunos desse ano do ensino médio.

A reportagem revelou a enorme carência de orientação profissional e vocacional no Brasil. Sei que algumas escolas de ensino médio privadas oferecem o primeiro tipo de orientação, às vezes sob a forma simplista de uma "semana das profissões", na qual especialistas de várias áreas falam de suas experiências. Uma das dificuldades dessa programação é que os palestrantes são usualmente profissionais de sucesso, e entre outros aspectos também seria importante discutir experiências dos que não se saíram bem, dos que exercem ocupações atípicas de sua profissão e, ainda, dos que a deixaram em busca de outra.

Nas escolas públicas, nem mesmo ciclos desse tipo são comuns, e em geral os estudantes não têm recursos para buscar orientação individual e especializada, a qual, aliás, não é comumente buscada nem mesmo pelas famílias de maior renda. Usualmente, o jovem procura informações por si mesmo, como as fornecidas pelos guias citados, as famílias e colegas costumam influir na escolha, mas a dúvida é comum, e uma das implicações é a elevada taxa de evasão de cursos que a reportagem também menciona.

Em sua essência, a orientação profissional ou vocacional praticada no Brasil fornece informações sobre as várias profissões, e no orientando identifica suas aptidões e seus interesses específicos. Por exemplo, como se sentiria como um médico, um engenheiro ou um economista. Finalmente, depois de muita conversa eventualmente apoiada por testes e exercícios, identifica-se uma vocação profissional, num exercício que muitas vezes não converge para uma única opção.

À dificuldade de escolher o curso se sobrepõe a já mencionada natureza do ensino superior adotado no Brasil, de profissionalização precoce, levando o jovem a passar por esse suplício de escolha numa idade em que não está preparado para isso, tanto por escassez de informações como pela imaturidade típica da adolescência. E falta a orientação ocupacional, com a profissional pressupondo que a pessoa encontrará uma ocupação típica da profissão a que chegou.

Essa orientação ocupacional deveria ter como base um amplo levantamento das várias ocupações, seus requisitos educacionais (a exigência de curso superior não significa que o diploma seja de profissão específica à ocupação), forma de acesso, remuneração, estimativas do número de ocupantes, perspectivas de vagas e outras informações. Entre elas, como a de ajustar a formação educacional a um elenco maior de ocupações. Por exemplo, incluir a disciplina Administração, mesmo que apenas em seus fundamentos, facilitaria a transição de um químico para ocupações administrativas. Esse levantamento ocupacional bem abrangente deveria ser uma iniciativa governamental. Teria como objetivo dar uma boa visão de como funciona o mercado de trabalho, e facilitaria a busca de oportunidades nesse mercado.

A mesma reportagem trata de caso no qual se percebe que a falta de orientação ocupacional pode levar a decisões de alto risco. É o de um estudante que deixou um curso de Engenharia de Produção optando pelo de Mecatrônica, também abandonado ao saber que "o campo de atuação seria a indústria". Acabou optando por medicina veterinária, afirmando gostar de bichos, e sonhando em trabalhar com "melhoramento genético de animais de grande porte".

Ora, sei que os dois primeiros cursos — em particular o de Engenharia — oferecem um leque maior de opções ocupacionais do que o finalmente escolhido. Ademais, mesmo um veterinário poderá ter a indústria como seu empregador, numa ocupação ligada à sua especialidade, como a de demonstrador de produtos farmacêuticos de uso veterinário.

Creio que a orientação também ocupacional aliviaria uma boa parte das incertezas e das tensões da autoritária e limitada forma de escolha a que hoje os jovens são submetidos no Brasil. Mostraria que o mercado é muito mais flexível ao acolher trabalhadores do que o sistema de ensino superior ao receber seus estudantes.

O CICLO BÁSICO NO ENSINO SUPERIOR DE GRADUAÇÃO

A escolha precoce de um curso superior poderia ser adiada por dois anos de um ciclo básico nesse nível de ensino, de natureza interdisciplinar, e a opção por uma especialização só ocorreria ao final dele. Esse ciclo básico poderia ser comum a vários cursos. Ademais, a especialização no nível de graduação não deveria ser de grande profundidade, a qual ficaria para a fase de pós-graduação. Esse é um sistema adotado por importantes instituições de ensino superior nos EUA, e que pelo seu sucesso tem se disseminado por outros países.

Também não é comum no Brasil, de um modo geral, a possibilidade de mudança de curso sem novo exame vestibular. Isso costuma levar a desistências de curso, e há a insatisfação que marca aqueles que carregam por toda a vida a dúvida quanto à escolha.

As entidades de classe na era "pós-profissional"

Retomo aqui as ideias de Magali Sarfatti, expostas na Seção 5, e que na sua essência mostram que a pulverização ocupacional no mundo moderno enfraquece o conceito tradicional de profissão, o de um grupo claramente identificado por suas atividades, como o de médicos, e na Idade Média, de artesãos de vários tipos, como ferreiros e tecelões.

Em muitos casos, a identidade profissional e a ação sindical eram facilitadas pela concentração das atividades em determinadas áreas geográficas, como as das indústrias siderúrgicas, têxtil e mineração. Também contribuía para isso a mecanização não tão avançada como hoje, que reduziu a necessidade de mão de obra, e também diversificou as ocupações e qualificações dos que passaram a se envolver com máquinas e equipamentos sofisticados, como os operados por controles digitais.

Apesar dessa evolução, e também por causa dela, no Brasil permanece o forte apego a uma identidade profissional e à luta por regulamentações de profissões, a qual frequentemente é voltada para criar os muros de que falou Sarffati, voltados para definir um cercado dentro do qual uma "profissão" exerceria privilégios monopolísticos no atendimento à demanda nele colocada.

Neste ponto, volto a lembrar que a minha própria profissão, a de economista, é claramente muito pulverizada nas ocupações a que leva. Há uma identidade profissional, mas bastante circunscrita a uma parcela minoritária dos bacharéis em Ciências Econômicas. Exceto em algumas ocupações, como a análise econômica de projetos e de perícia ligada a processos judiciais, creio que a regulamentação legal poderia ser dispensada, sem prejuízo de que os economistas tivessem suas entidades de classe e regulamentassem eles mesmos alguns parâmetros de comportamento profissional.

De um modo geral, a regulamentação profissional e as entidades que cuidam delas são importantes nos casos de profissões que envolvem riscos para as pessoas e para a comunidade. Mas, não tem cabimento transformar a regulamentação em reserva de mercado.

Um caso em que a regulamentação da profissão se revela claramente inadequado é o dos administradores, tamanha é a pulverização das ocupações exercidas pelos graduados dos cursos de Administração. E, também, dado o fato de que, pensando bem, em nossas vidas estamos sempre administrando alguma coisa, como as necessidades pessoais e familiares, inclusive as ligadas ao exercício profissional e à gestão de rendimentos e de patrimônio. Ou seja, somos todos administradores.

Não sem razão, algumas entidades de profissões regulamentadas têm dificuldades de arregimentar como associados uma parcela importante dos graduados que pretendem representar. Associada à pulverização ocupacional desses graduados há também outra dificuldade que essas entidades demonstram, a de alçar bandeiras reivindicatórias capazes de arregimentar um número considerável deles em torno de interesses comuns. A falta desses interesses comuns também faz com que as próprias associações não sejam pressionadas a tomar posição sobre esse ou aquele assunto.

Tudo isso se combina para fragilizá-las, e na raiz dessa dificuldade está a ausência da identidade profissional de que falou Sarfatti. Essa ausência ainda não recebeu a devida atenção de pesquisadores acadêmicos, nem dos que dirigem essas entidades problemáticas, talvez nem tanto para seus dirigentes, mas para profissionais que se iludem com sua eficácia. E há também as autoridades governamentais que sancionam a criação delas ainda que sem condições de serem legitimamente representativas, pois procuram construir muros profissionais em terrenos fragilizados pela pulverização ocupacional.

REFERÊNCIAS

MACEDO, Roberto. *Seu diploma, sua prancha* — como escolher a profissão e surfar no mercado de trabalho. São Paulo: Saraiva, 1998.

TVERSKY, Amos; KAHNEMAN, Daniel. Judgment under uncertainty: heuristics and biases. *Science* 185 (4157), p. 1124-31, set. 1974.

SARFATTI, Magali. *Valor Econômico*, em 27.12.2007.

SARFATTI. *The rise of professionalism* — a sociological analysis. California: University of California, 1977.

WEBER, Ross A. Imperativos modernos. Fascículo 1 da coleção *Mastering Management* ou *O Domínio da Administração*, publicada pela *Gazeta Mercantil* em edições semanais a partir de 28.8.1997.

A CRISE DO DIREITO DO TRABALHO

JOSE EDUARDO GIBELLO PASTORE[*]

Esse texto pretende refletir sobre a crise que o Direito do Trabalho atravessa e analisar a razão pela qual seus princípios estão sendo questionados, dentre eles o princípio protetor — considerado o elemento de identificação do próprio direito trabalhista.

O fato é que nunca se questionou tanto o papel do Direito do Trabalho e sua função social. Alguns entendem mesmo que o princípio protetor deve ser revisto, já que pode inviabilizar a atividade econômica da empresa, que muitas vezes não possui capacidade financeira para garantir os direitos advindos da relação de emprego. Qual seria, então, o papel do princípio protetor diante das questões econômicas que se fazem presentes? É esta a questão a ser discutida aqui.

O PRINCÍPIO PROTETOR DO DIREITO DO TRABALHO

O Direito do Trabalho nasce no contexto da justiça social, por conta da desigualdade real. É inegável a influência exercida pela Igreja Católica na construção dos elementos constitutivos do Direito do Trabalho, que tiveram seu ápice nas Encíclicas *Rerum Novarum* (1891) e culminaram na Encíclica *Laborem Exercens* (1981). Também constituem elementos formadores de seus ideais socioprotetivos, de caráter humanista, as obras dos socialistas "utópicos" (SISMONDI; FOURIER; SAINT-SIMON), dos socialistas "científicos" (o Manifesto Comunista de Marx, em 1848, por exemplo) e as internacionais socialistas.

(*) Sócio da Pastore Advogados, advogado trabalhista empresarial, mestre em Direito das Relações de Trabalho pela PUC de São Paulo, consultor da Confederação Nacional da Indústria na área de relações de trabalho, membro do Conselho Superior de Assuntos Jurídicos e Legislativos da Federação das Indústrias do Estado de São Paulo, membro do Comitê RH de Apoio Legislativo da Associação Brasileira de Recursos Humanos/SP, articulista do Jornal Diário Comércio Indústria e Serviços na área de relações de trabalho, autor do livro *O trabalho sem emprego*, LTr, 2008.

O Direito do Trabalho, tendo sua identidade no princípio protetor, é fruto do capitalismo, mais especificamente brotando no seio da Revolução Industrial do século XVIII, na Inglaterra. Assim, pode-se identificar a gênese do Direito do Trabalho, explanado no princípio protetor, carregando, irrefutavelmente, elementos antagônicos, o que irá, ao longo de sua existência, permear sua natureza, finalidade e características. O princípio protetor nasce justamente por conta da falta de proteção laboral para os trabalhadores inseridos no contexto da Revolução Industrial.

É, pois, no contexto da desigualdade que nasce o Direito do Trabalho. Decorrente desta premissa, surge a necessidade de regulamentar as causas das desigualdades laborativas, por meio de normas cogentes, mas sem antes instituir seus princípios. Neste âmbito emerge o princípio protetor.

Como bem pondera o Professor Amauri Mascaro Nascimento (*Iniciação ao direito do trabalho*. São Paulo: LTr, 2011. p. 111), princípios existem e devem ser aplicados. Eis a questão a ser considerada. Quando um princípio é questionado, indaga-se sobre sua efetividade. Se são autoaplicáveis, seguindo a linha da autoaplicabilidade dos direitos sociais, o que fazer quando se constata sua não concretização empírica, a despeito de sua determinação formal, e se buscar, justamente por sua eficácia negativa, a superação deste paradoxo? Como um princípio pode, apesar de autoaplicável, não se concretizar na realidade? É exatamente isso que ocorre atualmente com o princípio protetor do Direito do Trabalho.

Nasce daí outra indagação: qual a função de um princípio? Quem responde à questão é José Antonio Ramos Pascua, quando afirma que:

> Em suma, os princípios jurídicos, ainda que plasmados nas normas e instituições jurídico-positivas e coerentes com as mesmas, têm sua raiz (e seu desenvolvimento) no âmbito das valorações ético-políticas; quer dizer, são partículas do ambiente moral de cada sociedade. Por esta razão, quando o operador jurídico faz uso dos mesmos, o Direito se autointegra e se heterointegra ao mesmo tempo. Autointegra-se porque aplica elementos implícitos no direito positivo e se heterointegra porque a correta aplicação de tais elementos presente em germe no direito não seria possível sem indagar-se seu autêntico sentido, coisa que exige reconstruir o conjunto do qual fazem parte: o conjunto de valorações ético-políticas imperantes na sociedade de que se trata (El fundamento del rigor de los principios. Dworkin frente a Esser. *In: Anuario de Filosofia del Derecho*, IX, p. 269-290, 1992).

Na esteira do que foi ponderado pelo jurista, notamos a autoaplicabilidade dos direitos sociais, na Declaração da Organização Internacional do Trabalho —

OIT, sobre os princípios e direitos fundamentais no trabalho, cuja adoção foi feita na octogésima Conferência Internacional do Trabalho, em Genebra, em 18 de junho de 1988, reafirmando o compromisso dos Estados-membros e da comunidade internacional em geral, de respeitar, promover e aplicar de boa-fé os princípios fundamentais e direitos no trabalho. O objetivo é garantir proteções sociolegais no campo trabalhista. Nesse sentido, deixa claro a OIT que o progresso social deve ser uma composição de crescimento econômico e progresso social, sendo que um não pode estar dissociado do outro. Eis aí seus aspectos de valoração ético-política, o que provoca naturalmente a inclusão sociolaborativa. Inegável, então, a importância dos princípios nesse contexto.

Estamos aqui tratando de um elemento constituinte do próprio Direito do Trabalho. Mas será que atualmente estão sendo observados e efetivados em nosso País os princípios protetores desse direito, mesmo na relação de emprego devidamente formalizada e representada pela Consolidação das Leis do Trabalho? E se não estão, por quê? Por conta dessa reflexão pode-se dizer que existe uma crise do próprio Direito do Trabalho? Uma crise principiológica, assim considerada, implica questionar o próprio papel do Direito do Trabalho enquanto meio eficaz de promover o trabalho economicamente protegido e socialmente justo.

Como dissemos, o Direito do Trabalho e o próprio princípio protetor nascem sob a égide da desigualdade real, uma vez que oriundos no seio do sistema capitalista de geração de riqueza e renda, que, essencialmente, provoca a desigualdade real. Tanto a OIT e, historicamente, a Igreja Católica, identificam a desigualdade laboral preconizando que, por conta desta desigualdade, deve o Direito do Trabalho proteger aquele que se encontra em condição de fragilidade — o trabalhador empregado.

O princípio da proteção, portanto, remete ao princípio da igualdade, emergindo o princípio da isonomia. Pode-se dizer que a busca da igualdade real é o mote do Direito do Trabalho, que sempre se debruçou nestes aspectos. Uma igualdade objetiva, profundamente identificada com a desigualdade fática daquele que atua em ambiente que lhe é naturalmente hostil e, porque não considerar, injusto e opressor, o empregado. Sim, pois a inserção do trabalhador no sistema econômico capitalista implica impingir-lhe uma situação de desigualdade. Quase, por assim dizer, uma desigualdade natural.

Diante do inexorável poder econômico, representado por aquele que detém o capital, não pode o empregado entender-se no mesmo pé de igualdade, nem em direitos nem tampouco em deveres. E o Direito do Trabalho, alicerçado fortemente na doutrina Cristã e, posteriormente, em organismos internacionais sensíveis a esta questão, especialmente a OIT, não silencia: ao contrário, procura, a fim de promover sua missão medular, espraiar a justiça social no contexto do trabalho naturalmente desigual, tratando desigualmente situações desiguais e igualmente situações iguais — considerando, para tal, também os aspectos econômicos advindos desta condição.

Exatamente neste sentido, Cintra, Grinover e Dinamarco afirmam que:

> A absoluta igualdade jurídica não pode, contudo, eliminar a desigualdade econômica; por isso, do primitivo conceito de igualdade, formal e negativa (a lei não deve estabelecer qualquer diferença entre os indivíduos), clamou-se pela passagem à igualdade substancial. E hoje, na conceituação positiva da isonomia (iguais oportunidades para todos, a serem propiciadas pelo Estado), realça-se o conceito realista, que pugna pela igualdade proporcional, a qual significa, em síntese, tratamento igual aos substancialmente iguais. A aparente quebra do princípio da isonomia, dentro e fora do processo, obedece exatamente ao princípio da igualdade real e proporcional, que impõe tratamento desigual aos desiguais, justamente para que, supridas as diferenças, se atinja a igualdade substancial. (CINTRA, Antônio Carlos de Araújo; GRINOVER, Ada Pellegrini; DINAMARCO, Cândido Rangel. *Teoria geral do processo*. 14. ed. São Paulo: Malheiros, 1998. p. 53-54).

Com isso, edifica o Direito do Trabalho sua obra eticopolítica nas considerações da Declaração da Organização Internacional do Trabalho. Em nosso ordenamento jurídico temos a Constituição de 1988, conferindo suma importância ao princípio da igualdade no seu art. 5º, *caput* dispondo que:

> Todos são iguais perante a lei, sem distinção de qualquer natureza, garantindo-se a brasileiros e estrangeiros residentes no país a inviolabilidade do direito à vida, à liberdade, à igualdade, à segurança e à propriedade.

E no seu art. 5º, I dispõe que:

> Homens e mulheres são iguais em direitos e obrigações.

Por seu lado, o art. 7º da Carta Magna, considerando o exposto no art. 5º, adequa a igualdade sociolaborativa. Ao identificar essa premissa, passemos a mirar, em um segundo momento, a eficácia do princípio da proteção social do trabalho enquanto instrumento de justiça social.

No Brasil, o princípio da proteção real do trabalho e do trabalhador empregado foi elevada à mais alta condição. Isso porque a Constituinte de 1988 optou por constitucionalizar o Direito do Trabalho, como pode se notar nos artigos acima citados, em especial no art. 7º. Os motivos deste fenômeno decorrem da crença de que a inserção de direitos ordinários na Constituição possibilitaria maior proteção do trabalhador, justamente por possuir, a partir de 1988, direitos de dimensão laboral constitucional. A Constituinte deu força máxima a estes direitos.

Juntando-se a esse grupo, temos os direitos de caráter protetivo infraconstitucional, reforçando a premissa da proteção constitucional destes direitos, apresentados na Consolidação das Leis do Trabalho de 1943. Reforçando este ideal do arcabouço jurídico laboral, temos, no mesmo sentido, jurisprudências dos tribunais trabalhistas, suas súmulas, orientações e mais um imenso aparato normativo, com a mesma característica — qual seja, de viabilidade da proteção ao trabalho no modelo de emprego.

Poder-se-ia pensar, portanto, diante dessa imensa teia de proteção social ao trabalho e ao trabalhador empregado, que a efetividade destes estaria garantida, em especial por usufruir de um consistente aparato normativo voltado para este fim, principalmente o de caráter constitucional.

Mas é justamente essa colossal engenharia de proteção constitucional e infraconstitucional do trabalho existente no Brasil que está sendo questionada, principalmente no que se refere à sua eficácia, uma vez que mesmo presente em seus aspectos formais, nem sempre se faz presente no mundo real. E, neste aspecto, identifica-se um paradoxo. Isto porque alguns defendem a tese de que é justamente o excesso de proteção que faz com que o trabalho protegido seja vítima de desproteção, exatamente porque exagera nesta proteção. Esse aspecto aparece no modelo normativo adotado pelo Direito do Trabalho em nosso País — uma vez que prima por um forte aparato de intervenção estatal, justamente com o objetivo de garantir o trabalho digno.

Alguns estudiosos alegam que o sistema trabalhista de proteção representado pelo modelo de normas cogentes brasileiro ao trabalho é exagerado, o que acaba afastando-o da sua eficácia. Nesse sentido, avaliam que o excesso de intervencionismo, legal e jurisprudencial, provoca justamente o efeito contrário: em lugar de proteger, desprotege o trabalhador, considerando que quando se protege muito se protege pouco.

Esta corrente de pensadores critica severamente o modelo trabalhista no Brasil, alegando, inclusive, que o mesmo se volta exclusivamente para os aspectos sociais de proteção do trabalho, desvinculados de seus aspectos econômicos. Este seria, aliás, um dos motivos, mas não o único, que afasta o direito trabalhista de sua eficácia protetiva.

Para a solução deste problema, entendem que o fomento à formalização da mão de obra no sistema de trabalho protegido passa por um novo olhar das relações de trabalho. Neste sentido, esse grupo de pensadores defende a tese de que para proteger mais, deve-se proteger de forma diferente; ou, em outro parâmetro, levar as proteções legais existentes no Brasil para o campo da abordagem socioeconômica do Direito do Trabalho e não somente considerando seus aspectos sociais, embora relevantes.

A oportunidade de inserção de um maior número de trabalhadores no mercado dito formal de trabalho passaria, assim, pela flexibilização das leis do trabalho, permitindo o aumento do universo de trabalhadores devidamente protegidos e, consequentemente, a inclusão da massa de trabalhadores que se encontram no mercado informal. A empregabilidade, portanto, passaria pelo caminho oposto trilhado pelo Direito do Trabalho positivo no Brasil. Em vez de enrijecer, as leis do trabalho precisariam ser mas flexíveis. Denominou-se esta corrente de "Flexibilização das relações de trabalho". Entre seus defensores está o professor José Pastore, para quem:

> ...Verifica-se que há entre nós a emergência de um robusto discurso em favor da flexibilização, mas isso ainda não saiu da retórica. Na última reforma constitucional de 1988, grande parte da legislação trabalhista, em lugar de diminuir, tornou-se ainda mais detalhada e se incorporou ao texto da Constituição, dificultando a adaptação do sistema de relações de trabalho às novas condições de competição e inovação que o Brasil enfrenta nos mercados internos e externo. A revisão da Constituição de 1994 seria realizada sob o mesmos *slogans* da flexibilização e, em particular, da implantação do sistema de contratação coletiva entre nós. Mas ela não ocorreu. A Constituição continuou carregada de detalhes no campo do trabalho, impedindo às partes uma genuína negociação e contratação daquilo que precisam e desejam.

Mais à frente, mostra os efeitos da excessiva regulamentação do trabalho e sua consequência sobre a empregabilidade, ao afirmar que: "O Brasil já deu alguns passos importantes na desregulamentação da economia. Tudo indica estarmos no caminho certo. É bem provável que as resistências no campo trabalhista venham a ser superadas somente quando a regulamentação atual inviabilizar, por completo, a produção e o emprego. Nesse momento, a nossa longa tradição legiferante haverá de ser vista por força dos fatos e não como produto de reflexão e bom-senso. Assim é a história. O ser humano parecer mudar basicamente por medo ou por interesse, normalmente pelos dois motivos. Quem viver verá" (PASTORE, José. *Flexibilização dos mercados de trabalho e contratação coletiva*. São Paulo: LTr, 1994).

Flexibilização, como bem pondera Jorge Luiz Souto Maior, juiz do trabalho, titular da 3ª Vara do Trabalho de Jundiaí, livre-docente em direito do trabalho pela Faculdade de Direito da Universidade de São Paulo (USP), "...representa a adaptação das regras jurídicas a uma nova realidade, gerando um novo tipo de regulamentação" (Trabalho publicado na internet, *site Revista do Curso de Direito UNIFACS*, Universidade de Salvador. Capa 120, 2010. Disponível em: <http://www.revistas.unifacs.br/index.php/redu/article/view/1112>).

De acordo com Pastore, o grande desafio é compreender a flexibilização das relações de trabalho não como sinônimo de precarização das mesmas, mas sim de oportunidade de ingresso no mercado de maior número de trabalhadores e da formalização dos contratos de trabalho, em que as partes interessadas — trabalhadores e empregadores — possam negociar seus interesses longe das brutais interferências legais do Direito do Trabalho. Seria a formalização da massa de trabalho por meios flexíveis de ingresso no mercado e não necessariamente a inclusão sociolaborativa por força das leis. Até porque estas não teriam tais condões, uma vez que a mera existência solitária da lei não é garantia de que a mesma efetive a proteção do trabalho na modalidade de emprego, muito embora as premissas do constitucionalismo social apontem nesse sentido.

A flexibilização das relações de trabalho proposta por Pastore relativiza o princípio protetor do Direito do Trabalho, deslocando-o do primado da lei para a supremacia da negociação, inserindo-o no campo da eficácia de caráter coletivo, negocial. Além disto, insiste o estudioso, que a proteção social do trabalho se dá quando este considera seus aspectos econômicos. Este deslocamento no bojo da flexibilização foi, certamente, uma das mais instigantes reflexões, sob o ponto de vista da dogmática jurídica, nos idos dos anos 1990, por meio do livro do referido autor.

Em sentido contrário, há quem entenda que deve-se viabilizar a eficácia do princípio protetor do trabalho formal por meio do recrudescimento legal nesse sentido, ou seja, preconizam o aumento das proteções sociolaborativas por meio de fomento de leis, ordinárias e constitucionais.

Deixe-se claro que o que Pastore defende, como um dos precursores da flexibilização das relações de trabalho, não é a precarização dessas relações, mas a inserção daqueles que estão fora deste mercado por meio de um novo modelo de proteção sociolaborativo, construído mediante negociação da proteção laboral, considerando os aspectos negociais e elementos econômicos das leis do trabalho. O que se nota, nas teses defendidas por ambos os lados, é que o que está em jogo é o sentido do princípio protetor do Direito do Trabalho.

O que se questiona, no presente embate, é o *modus operandi*, por assim dizer, com que o Direito do Trabalho viabiliza o seu escopo de justiça social, pelo princípio protetor. Seria o modelo do constitucionalismo social a melhor alternativa para se garantir a efetividade do princípio protetor?

O direito trabalhista no Brasil, em 1988, escolheu o sentido contrário da flexibilização das relações de trabalho, optando pela sua constitucionalização, como já dito. Leis ordinárias trabalhistas foram elevadas a âmbito constitucional, provocando, sob o ponto de vista formal, a super valorização do princípio protetor. O fenômeno do constitucionalismo social carrega em seu bojo a ideia de que proteções trabalhistas e a própria existência do trabalho digno se viabilizam, no mundo formal e real, por meio de leis, que estão desvinculadas de seus aspectos econômicos, focando-se somente nos seus aspectos sociais.

Quem define bem este momento peculiar do Direito do Trabalho em nosso país é Souto Maior, ao ponderar que:

> A integração de normas trabalhistas às Constituições, a criação de um órgão internacional voltado às relações de trabalho (a OIT) e o reconhecimento mundial da importância de se minimizarem os efeitos perversos da exploração do capital sobre o trabalho humano, com propósitos também de evitar a proliferação da miséria, a instabilidade social e a ameaça à paz mundial, fornecem o vasto campo para o desenvolvimento de uma teorização acerca da criação de um novo direito, um direito que teria como função tornar a preocupação com a justiça social mais que um compromisso moral, mas uma obrigação de particulares, com limitação dos interesses econômicos, e um dever do Estado. Esta lógica diversa daquela que norteava o direito civil, justifica, então, a organização teórica de um novo direito, o direito do trabalho. Um direito promotor da justiça social, sendo que esta, a justiça social, tanto pode ser vista do ponto de vista ético (ou filosófico), que reflete a preocupação de preservar a integridade física e moral do trabalhador, quanto do ponto de vista econômico, que se traduz como a busca de uma necessária distribuição equitativa da riqueza produzida no modelo capitalista.
>
> Na teorização desse novo direito, consagra-se a noção de valorização do trabalho humano a partir de postulados não meramente sociológicos mas também jurídicos, isto é, dotados de força coercitiva no seio social.
>
> A ambígua origem das primeiras leis trabalhistas não impede, portanto, que se reconheça no Direito do Trabalho um instrumento decisivo e indispensável para a construção da justiça social dentro do próprio contexto do modelo político de natureza capitalista.

O constitucionalismo sociolaborativo enrijeceu os direitos trabalhistas no Brasil, petrificando-os, tornando-os imutáveis e obrigatórios em seu cumprimento. Não há, portanto, possibilidade de interpretá-los no sentido de flexibilizá-los, de uma interpretação ampla do princípio protetor do Direito do Trabalho. Os defensores do constitucionalismo sociolaborativo e da ultraproteção do Direito do Trabalho preconizam que só desta forma se garante a existência do trabalho digno.

A ideia do constitucionalismo sociolaborativo não é meramente uma manifestação de cunho jurídico-legal. Traz na sua essência os elementos da ideia de justiça social, do trabalho calcado no primado da dignidade sociolaborativa constitucional do trabalhador por meio da externalização de seus princípios ao grau máximo, explanado no documento constitucional adotado pelo Brasil em 1988.

Entretanto, após 25 anos de existência, não foi capaz de solucionar o problema daqueles que não conseguem se inserir no mercado formal e que não gozam de quaisquer direitos laborais. O constitucionalismo social não resolve a questão da proteção dos desprotegidos — apenas preconiza a ultraproteção para os protegidos, o que se mostra insuficiente para equacionar a atual crise do próprio princípio protetor do Direito do Trabalho.

É certo que o constitucionalismo sociolaboral sofreu forte influência humanística. Dentre os pensadores que influenciaram a Constituição está Hannah Arent, que certamente confere bases filosóficas neste sentido quando prega a superação da fase do labor pelo trabalhador que passa a entender o trabalho não somente como meio de sobrevivência, mas como meio de existência, sob o ponto de vista psicossocial. E se consuma nos ideais de cidadania — todos os meios que conferem ao trabalhador identidade enquanto seres humanos capazes de produzir riquezas e usufruir das mesmas (ARENDT, Hannah. *A condição humana*. 10. ed. Rio de Janeiro: Forense Universitária, 2003. p. 15).

O paradoxo trabalhista no Brasil ainda persiste uma vez que uma das legislações protetivas mais elaboradas, quando comparadas a outras, apresenta forte descumprimento da mesma. Podemos assim afirmar por conta das ações trabalhistas que ingressam anualmente perante a Justiça do Trabalho, da ordem de 3 milhões por ano. Esse fato revela que nem mesmo o sistema de ultraproteção constitucional é capaz de se fazer cumprir na integridade — ou não estaríamos diante de uma avalanche de ações judiciais.

Afinal, ações trabalhistas representam a insatisfação quanto ao cumprimento das normas trabalhistas. É uma manifestação negativa, apontando a inobservância dos preceitos protetivos do trabalho, o que está no epicentro da atual crise do modelo. Ações judiciais no âmbito trabalhista demonstram que o princípio protetor do trabalho, ainda que estampado, sob o ponto de vista formal, no constitucionalismo sociolaboral, continua ignorado no mundo real.

O que leva a crer que esta premissa está correta é a análise de incidência do Direito do Trabalho no modelo acima referido. O cumprimento das normas trabalhistas, de caráter constitucional e infraconstitucional, é mais evidente em empresas que possuem maior capacidade econômica para cumprir os direitos gerados pelo próprio princípio protetor, uma vez que não há que se falar em proteções sócias desvinculadas de seus custos econômicos.

Quanto maior a capacidade econômica em cumprir as premissas geradas pelo princípio protetor do Direito do Trabalho, menor a incidência, inclusive, de ações trabalhistas. É por esta razão que se nota a dificuldade do cumprimento das normas trabalhistas pelas micro, pequenas e médias empresas e sua maior exposição na Justiça do Trabalho.

Desta premissa nasce outra não menos instigante. Nesse sentido, a indagação que se faz é: Quando o não cumprimento de direitos classificados como fundamentais se faz presente, será o Judiciário trabalhista o detentor do poder de cumprimento de tais direitos? Mas não são estes autoaplicáveis, inclusive por mandamentos constitucionais? E porque não se viabilizam desta forma? A resposta está diretamente relacionada com a capacidade econômica das empresas em custear os direitos do trabalho, fato este ignorado pelo constitucionalismo social. Como não ocorre a aplicabilidade imediata dos direitos sociolaborativos constitucionais, o Brasil mergulha no que se considera um dos mais graves problemas republicanos que é o fato de muitas normas trabalhistas existirem no seu aspecto formal mas não real, no que se refere a sua afetividade.

Eis a consequência do acima exposto, mas palavras da doutrinadora Cláudia Toledo Silveira, em trabalho publicado na internet (Disponível em: <http://indianapolis.uem.br/~mossbauer/cd2/TG/tg003.htm#_ftn1>) com o título *Autoaplicabilidade dos direitos sociais*:

> Direitos Fundamentais, por sua natureza de essencialidade e originalidade dos demais direitos, não podem estar submetidos a normas programáticas, meramente diretivas da ação política ou administrativa do Poder Público, dependentes de leis específicas para sua aplicação concreta. Devem ser autoexecutáveis, portanto. Caso contrário, seria admitir a revogação ou suplantamento do poder constituinte superior pelo poder constituído inferior, o qual poderia regulamentar as normas quando lhe conviesse ou mesmo não o fazer. Se são direitos, são exequíveis. Se são fundamentais, mais urgente então torna-se seu exercício. A autoaplicabilidade dos Direitos Fundamentais é, pois, indispensável garantia de sua eficácia, devendo, portanto, os tribunais aplicarem as normas constitucionais, ainda que não regulamentadas.

Mas de que forma os tribunais tornam efetivas as normas trabalhistas, mesmo as que não prescindem de regulamentação, se para cada direito social do trabalho há um custo econômico correspondente?

O princípio protetor do Direito do Trabalho está profundamente ligado à sua viabilidade econômica. Esta deve ser a percepção do moderno direito trabalhista: trata-se de um fenômeno socioeconômico e não apenas social.

Os fatos demonstram que o Brasil, mesmo possuindo o sistema de relações de trabalho mais imperativo do planeta, não é capaz de garantir a sua eficácia real. O país ainda possui, em pleno século 21, cerca de 50% da População Economicamente Ativa fora do mercado formal de trabalho, o que representa aproximadamente 18 milhões de brasileiros. Mesmo dos que usufruem da proteção do trabalho no modelo de emprego, decorrente dos direitos sociolaborais de natureza constitucional, ainda se veem diante do usufruto parcial dos mesmos, como comprova o alto volume de ações trabalhistas junto ao Poder Judiciário.

Necessária se faz uma profunda reflexão neste sentido. Já passou o momento de pensar o porquê o Brasil é considerado campeão mundial de descumprimento das leis trabalhistas — mesmo que estas tenham sido elevadas à categoria de direitos sociais constitucionais e que o Estado seja um Estado Social fortemente intervencionista no que se refere à obrigatoriedade do cumprimento das normas trabalhistas.

A crise do princípio protetor do Direito do Trabalho, passa, ao que parece, pelo paradoxo da ultraproteção constitucional, que, de tanto desejar proteger, desprotege.

A proposta da flexibilização das relações de trabalho preconizada por Pastore define a mesma como flexibilização para a inclusão no mercado de trabalho e, com isso, insere o princípio protetor do trabalho em outro contexto. Desloca o mesmo do contexto da proteção sociolaborativa constitucional, apontando para a proteção laborativa de mínimos constitucionais.

Abre caminho para outra reflexão não menos perturbadora: seriam os direitos sociais do trabalho contidos no art. 7º da Constituição Federal direitos fundamentais ou essenciais do trabalho?

A flexibilização inclusiva tem escopo diverso do que preconizam seus oponentes, ou seja, o ingresso de maior número de trabalhadores no mercado formal de trabalho por meio de proteções parciais, fracionadas do Direito do Trabalho.

A eficácia do princípio protetor passa, portanto, pela observância de duas e não mais uma pessoa sujeito à direitos e deveres no âmbito trabalhista. O Direito do Trabalho está sendo obrigado a se voltar pela eficácia normativa, e de seu princípio protetor, mirando na saúde econômica da pessoa jurídica da empresa, sob pena de se tornar elemento de cunho eminentemente programático.

Tratar desigualmente os desiguais é a premissa que o moderno Direito do Trabalho deve observar, mas voltando-se também para a desigualdade econômica das empresas e não só dos trabalhadores, ainda que este não seja o objeto medular do Direito do Trabalho. Mas ao ignorar a capacidade econômica das empresas em arcar com os custos da proteção do trabalho, o próprio Direito do Trabalho fragiliza este princípio, fomentando a atual agonia de identidade pelo que passa.

Trata-se aqui da hipossuficiência da empresa e não só do empregado. A justiça sociolaborativa deve ser compreendida não só no contexto da lei, mas, também, no âmbito da lei do trabalho que a empresa deve cumprir.

O deslocamento, ou ampliação, do entendimento do princípio protetor do Direito do Trabalho, neste sentido é o seu aspecto mais importante. Este deve, a nosso ver, ser compreendido além dos seus preceitos tradicionais. Deve ir além do que tradicionalmente definiu Magano, quando declarou que o Direito do Trabalho deve ser mais do que

> ... o conjunto de princípios, normas e instituições, que se aplicam à relação de trabalho, tendo em vista a proteção do trabalhador e a melhoria de sua condição social. (MAGANO, Octavio Bueno. Direito do trabalho e direito econômico. *Revista LTr,* 39/732.)

Se deseja ver o seu elemento essencial presente no mundo real e não só formal, deve o Direito do Trabalho espraiar-se, ampliando o sentido do princípio protetor, compreendido no campo da incidência para a pessoa física do empregado e também sobre a pessoa jurídica da empresa, já que naturalmente se projeta sobre ambos.

O Direito do Trabalho, juntamente com o Direito Tributário, consegue mensurar o custo de cada um de seus direitos. Este é o fenômeno da externalização do custo econômico do direito. E é isso que importa para a empresa que contrata no modelo de trabalho com emprego.

Terá, inapelavelmente, que arcar com os custos da contratação, manutenção e desligamento dos trabalhadores. Quando o custo do trabalho se torna insuportável, provocando o afastamento da incidência das normas trabalhistas, então seu caráter protetor também se fragmenta.

O QUE, AO FINAL, ESTA REALIDADE TRAZ?

O Direito do Trabalho estaria vivendo o fenômeno da sua incidência parcial? E quando o custo dos direitos sociais do trabalho ultrapassa a capacidade econômica da empresa em suportá-lo, deve-se rever o conteúdo do caráter protetivo do Direito do Trabalho? Se sim, em que sentido?

Quando não há capacidade econômica para a consecução dos custos advindos da presença das normas protetivas trabalhistas, empregados e empregadores se vulnerabilizam.

Quem bem define a defesa do sentido ampliativo do Direito do Trabalho, no sentido acima sugerido, é Luiz Carlos Robortella ao afirmar que "o fundamento e a principal função do Direito do Trabalho seria a de impedir a exploração do trabalho humano como fonte de riqueza dos detentores do capital". Robortella, em *Terceirização: tendências em doutrina e jurisprudência*, explica que:

> O Direito do Trabalho tem a função de organizar e disciplinar a economia, podendo ser concebido como verdadeiro instrumento da política econômica. Este ramo do Direito teria deixado de ser somente um direito da proteção do mais fraco para ser um direito de organização da produção. Ao invés de ser apenas direito de proteção do trabalhador e redistribuição da riqueza, converteu-se em direito da produção, com especial ênfase na regulação do mercado de trabalho.

> Como se pode notar, o autor considera também os aspectos econômicos do direito do trabalho para que o mesmo se efetive (ROBORTELLA, Luiz C. A. *Terceirização:* tendências em doutrina e jurisprudência. BUSCALEGIS, Sítio da Universidade Federal de Santa Catarina, no endereço eletrônico: <http://150.162.138.14/arquivos/Terceirizacao-tendencias_em_doutrina_e_jurisprudencia.htm <http://150.162.138.14/arquivos/Terceirizacao-tendencias_em_doutrina_e_jurisprudencia.htm> Acesso em: 27.12.2005, às 17:00 horas (GMT-4).

No mesmo sentido segue o professor Cássio Mesquita Barros, ao chamar a atenção para o confronto entre os aspectos econômicos e sociais do Direito do Trabalho, em conferência no 10º Congresso Brasileiro de Direito do Trabalho, em 17 de abril de 2002. Ele chamou a atenção para o que o Professor Robortella defendia, e preconizava que:

> A crença, a seu tempo possível, de colocar em comum a economia, e o social numa reserva nacional, atualmente está desmentida pelos fatos. Estes mostram ser impossível dissociar um do outro. Os juristas

bem sabem que a questão de decidir se num contrato de trabalho o vínculo é econômico ou social é rigorosamente desprovido de senso: o vínculo é indissoluvelmente um e outro. Falar de um como isolado do outro leva ao risco de uma confortável visão "esquizofrênica" do mundo. (*Au-de là de l'emploi.* Paris: Flammarion, 1999. p. 11, edição francesa. ISBN 2-08212526-2).

Será a compreensão dos aspectos socioeconômicos do Direito do Trabalho o caminho mais adequado para que o princípio protetor esteja no mundo real e não só formal. A flexibilização das relações de trabalho propõe esta discussão, longe do contexto da precarização da relações de trabalho. A hipossuficiência da empresa é tão importante quanto a hipossuficiência do empregado, para quem o Direito do Trabalho historicamente se volta.

As razões da inobservância do princípio protetor do Direito do Trabalho são muitas e complexas, mas é certo que estão intimamente ligadas com a compreensão socioeconômica das relações de trabalho.

O fenômeno da constitucionalização das relações de trabalho em nosso país ainda não é suficiente para que se viabilize a presença de todos os mandamentos de proteção ao trabalho na modalidade de emprego.

É certo que o Direito do Trabalho atravessa um de seus momentos mais delicados, em que os seus fundamentos são questionados. No entanto, sua construção doutrinária, ao que tudo indica, será forte o suficiente para que possa superar a crise que atravessa, ainda que alguns entendam que nem crise há.

Mas o certo é que o Direito do Trabalho deve voltar-se para si mesmo refletindo no sentido de desafiar a si próprio, corajosamente, para redefinir alguns de seus parâmetros, sob pena de se distanciar cada vez mais da realidade, o que por certo não se deseja.

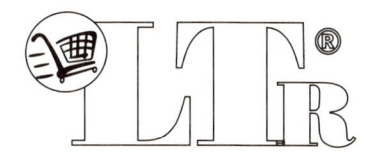

LOJA VIRTUAL
www.ltr.com.br

BIBLIOTECA DIGITAL
www.ltrdigital.com.br

E-BOOKS
www.ltr.com.br